W0075096

Das Buch

Wie wirkliche und vor allem nachhaltige Selbstfürsorge gelingen kann, zeigt Franziska Muri. Mit spielerischen Anregungen führt sie uns hin zu dem, was uns innerlich zum Wachsen bringt und langfristig guttut. Mithilfe von sieben Geheimnissen können wir selbst für gute Gefühle, vertrauenerweckende Erfahrungen und mehr Resilienz sorgen und eine ganz neue, wundervolle Beziehung zu uns selbst erblühen lassen.

Die Autorin:

Franziska Muri ist Kultur- und Geisteswissenschaftlerin, Coach für *The Work of Byron Katie* und seit vielen Jahren als Lektorin in der Buchbranche tätig. Beruflich wie privat sind ihre Themen ganzheitliche Heilung und Spiritualität. Als Autorin verfasste sie gemeinsam mit Vera Griebert-Schröder die Bestseller »Vom Zauber der Rauhnächte« und »Die Rauhnächte als Quelle der Ruhe und Kraft«. Zuletzt erschien von der im bayerischen Alpenvorland lebenden Autorin »21 Gründe, das Alleinsein zu lieben«.
www.franziskamuri.de

Franziska Muri

Glücklich mit mir

Die 7 Geheimnisse der Selbstfürsorge

WILHELM HEYNE VERLAG
MÜNCHEN

Penguin Random House Verlagsgruppe FSC® N001967

Taschenbucherstausgabe 06/2021

Copyright © 2019 der deutschsprachigen Ausgabe
by Integral Verlag München,
in der Penguin Random House Verlagsgruppe GmbH
Copyright © 2021 dieser Ausgabe by Wilhelm Heyne Verlag, München,
in der Penguin Random House VerlagsgruppeGmbH,
Neumarkter Straße 28, 81673 München
Alle Rechte sind vorbehalten. Printed in Germany.
Redaktion: Daniela Weise
Umschlaggestaltung: Guter Punkt GmbH & Co. KG, München
unter Verwendung eines Motivs von © Akbaly / Shutterstock
Satz: Satzwerk Huber, Germering
Druck und Bindung: GGP Media GmbH, Pößneck
ISBN 978-3-453-70405-3

www.heyne.de

Dem freundlichen Universum

Inhalt

Die Sorge für dich selbst

Es gibt einen Menschen, mit dem du dein gesamtes Leben lang zusammen bist. Er begleitet dich seit deiner Zeit im Mutterleib, war bei der Geburt mit dir und wird es sein, bis du deinen letzten Atemzug nimmst. Er ist bei allen Freuden da und in jedem Schmerz.

Ob er dein Freund ist, ob er dir guttut und für dich sorgt, das bestimmst du selbst. Denn dieser Mensch – das bist du. Du selbst bist das Wesen, das lebenslang mit dir zusammen ist. Keine Eltern, keine Kinder, kein Partner und keine Freunde werden dich so lange und so intensiv begleiten wie du dich selbst. Wohin du auch gehst, dich nimmst du mit. Was du auch tust, du bist dabei.

Eigentlich ist es ganz einfach: So wie du für dich sorgst, so wirst du dich fühlen und so wird sich dein Leben weitgehend gestalten. Denn auch wenn du die Umstände nicht immer beeinflussen kannst, so doch deinen Umgang damit. Die Art, wie du bist, in dir selbst und in der Welt. Wie aber kann die Sorge für dich, für diesen »Menschen an deiner Seite«, gelingen? Wie kannst du in unserer hektischen Zeit voller Herausforderungen und Ängste das Beste für dich leben – nachhaltig, freudig und genussvoll?

In diesem Buch untersuche ich sieben Qualitäten, die meiner Erfahrung nach die Basis einer gelingenden Selbstfürsorge sind. Dabei geht es mir vor allem um die Geheimnisse hinter den typischen guten Tipps. Denn die kennen wir – du genauso wie ich. In vielen hervorragenden Büchern und Artikeln, Videos und Blogs lernen wir alles, was wir für ein selbstfürsorgliches Leben nutzen könnten. Da gibt es erprobte Empfehlungen und hilfreiche Ideen für den bestmöglichen Umgang mit unserem Körper, mit unserer Psyche, mit unserem Umfeld. Aber … wir setzen sie meist nicht um oder nur für kurze Zeit, bis uns der Alltagsstrudel wieder davon wegreißt. Wir tun uns schwer damit, gute Vorsätze in die Tat umzusetzen, völlig einleuchtende Gesundheitstipps auch längerfristig zu befolgen oder uns regelmäßig Entspannung und Muße zu gönnen. Warum ist das so? Am mangelnden Wissen kann es nicht liegen. An einem Mangel an Zeit, wie wir gern sagen, letztlich auch nicht – denn wir verwenden sie bei genauer Betrachtung oft ziemlich unsinnig. Was also ist es, das uns hier bremst oder auf Abwege leitet? Und wie kommen wir raus aus Hamsterrad und Bequemlichkeitsfalle? Wie könnte es anders gehen? Und kann ich es mit diesem Buch – einem weiteren »Ratgeber« – wirklich schaffen, etwas anderes anzubieten?

Ich will es versuchen. Ich will dir von meinen Erfahrungen berichten und von all dem, was mir bislang zu diesem Thema begegnet ist. Mir geht es in diesem Buch um das, was uns innerlich so verwandeln kann, dass wir die Selbstfürsorge auch wirklich praktizieren. Denn »eigentlich« müsste es das Einfachste überhaupt sein: uns selbst liebevoll all das angedeihen zu lassen, was das eigene Wesen erblühen und das Leben gelingen lässt.

Selbstoptimierung? Nein, Selbstfürsorge

Strategien und Sieben-Schritte-Pläne, um besser für dich zu sorgen – die wirst du hier nicht finden. Ich habe in meinem Leben bestimmt schon Hunderte davon entworfen, voller Elan und in dem Gefühl, dass sie alles verändern und mich rundum und für immer kraftvoll und entspannt machen werden. Doch meist habe ich sie nur wenige Tage lang umgesetzt. Wenn überhaupt. Denn eigentlich haben sie mir stets nur einen neuen Punkt auf der ohnehin schon übervollen To-do-Liste beschert – und viel Frust dazu: Denn wenn ich die Vorhaben nicht umsetzte, war ich geknickt. Ich fühlte mich unfähig und an Tagen mit besonders dramatischer Stimmung früher oder später »dem Untergang geweiht«, weil es mir einfach nicht gelang, meine klugen Zeitmanagement-, Sport- oder Ernährungsprogramme zu leben, die mich ein für alle Mal aus Stress und Erschöpfung herausholen könnten.

Das Erstaunliche zeigte sich erst nach und nach: Obwohl ich das Gefühl hatte, mit all meinen Selbstfürsorge-Strategien gescheitert zu sein, galt ich bei vielen Freunden und Bekannten als sehr selbstfürsorglich. Und ich selbst – sosehr ich um die kritischen Lücken im Ganzen weiß – empfinde es seit einiger Zeit auch so. Was also lief hier nicht so wie gedacht? Was passierte im Hintergrund, während ich Pläne schmiedete und damit scheiterte? Oder auf den Punkt gebracht: Was macht eine nachhaltige Selbstfürsorge wirklich aus?

Selbstoptimierung ist es nicht. Denn ist das nicht einfach nur der Versuch, sich an die immer mehr fordernde

Gesellschaft anzupassen, um weiter Schritt zu halten und teilweise absurde Ansprüche zu erfüllen – wie das Gebot ewiger Jugend oder der Perfektion auf allen Lebensfeldern? Natürlich ist es sinnvoll, so weit Schritt zu halten, dass wir im für uns gesunden Maße Teil des gesellschaftlichen Umfeldes bleiben können. Doch Selbstoptimierung, so könnte man grob zusammenfassen, setzt außen an, Selbstfürsorge hingegen kommt von innen. Sie fragt nach dem, was du wirklich brauchst und was dir wirklich guttut. Dir als Mensch und Individuum.

Was mir besser zu funktionieren scheint als Strategien und Pläne, ist, das Gute und Förderliche ins Leben hineintröpfeln zu lassen, statt es mit einer gut geplanten Hauruck-Aktion erzwingen zu wollen. Mit der nämlich laufen wir Gefahr, dass unser Gehirn sofort meint: »Ach, das hat doch schon mal nicht funktioniert.« Genau das denkt es sehr schnell, wenn wir etwas verändern wollen. Und dann tritt es in den Streik, während wir in alte Muster zurückfallen. Es gilt also einiges zu beachten – und genau darum soll es hier gehen.

Meisterschaft als lebenslanges freudiges Ringen

Für die meisten von uns ist Selbstfürsorge nichts, was man kann. Es ist etwas, was man lebenslang einüben und stets neu an die äußeren und inneren Gegebenheiten anpassen darf. Vieles stellt sich ihr in den Weg – vom »inneren Schweinehund« bis zu den vielfältigen Anforderungen des heutigen Lebens. Das Gute daran ist: So lernen wir die

Sorge für uns selbst über Jahrzehnte hinweg immer besser, wenn wir uns nicht entmutigen lassen. Und wenn wir die Früchte bewusst kosten, die uns jedes aktive Für-uns-da-Sein schenkt. Denn dieses Kosten, dieses bewusste Erleben ist ein wichtiger Schlüssel, immer mehr von dem zu erfahren, was wirklich und langfristig guttut.

Wie schon bei *21 Gründe, das Alleinsein zu lieben* kann ich auch bei diesem Buch sagen: Ich habe es für mich selbst zu schreiben begonnen. Wie sehr viele Menschen in der zweiten Lebenshälfte bin ich geübt, erfahren und durchaus auch konsequent in Sachen Selbstfürsorge. Und doch gibt es da bis heute Bereiche, in denen ich strauchle, scheitere und immer neu gefasste Vorsätze einfach nicht einhalte. Die Geheimnisse des liebevollen Umgangs mit mir selbst in diesen Bereichen kenne ich zwar, oder zumindest erahne ich sie, doch irgendwie passen sie noch immer nicht recht zu meinem Körper-Geist-Seele-System, meinen inneren Mustern und zähen Gewohnheiten. Und dann finde ich mich an manchen Abenden erschöpft und missmutig vor, bin unzufrieden und der Meinung, »es« einfach nicht hinzubekommen.

Als Autorin nutzte ich daher sehr gern die Möglichkeit, die Selbstfürsorge zu einem Forschungsprojekt werden zu lassen. Mir wurde dabei bald etwas Interessantes klar: Wenn ich dich mit diesem Buch dazu inspirieren kann, besser und liebevoller für dich selbst zu sorgen, dann wird deine Welt schöner – und meine damit auch. Es ist ja eine Welt. Vielleicht ist das wesentliche Geheimnis genau das: Jeder, der seine eigene Welt schöner und liebevoller, sanfter und freudvoller macht, tut es für alle anderen mit – und deren Einsatz für echtes Wohlbefinden wirkt auch wieder auf ihn zurück.

Mir wurde bewusst, dass es eine Form der Selbstfürsorge ist, wenn ich dieses Buch so ehrlich und vorbehaltlos, so liebevoll und gut wie möglich schreibe. Ich schreibe es auch für mich, während ich es für dich schreibe. Ich schreibe es dafür, dass es mehr erfüllte und freudig entspannte Menschen in der Welt gibt – in deiner ebenso wie meiner.

So möchte ich dir, liebe Leserin, lieber Leser, wie in einem persönlichen Gespräch das mitgeben, was ich bisher in Sachen Selbstfürsorge erfahren durfte. Ich möchte es für dich notieren, sodass du jederzeit darauf zugreifen und es in dein Leben einbauen kannst, wenn du magst. Die Aktivitäten der Selbstfürsorge sind letztlich ganz simpel. Die Geheimnisse liegen aber nicht in dem, was man für sich tun könnte, sondern vielmehr in den Ebenen dahinter: Warum wissen wir, was uns guttut, und tun es trotzdem so oft nicht? Und wie bekommen wir uns dazu, mehr von dem zu machen, was uns erblühen lässt?

Natürlich gehört zur Selbstfürsorge, sich gut zu ernähren, sich ausreichend zu bewegen, einer sinnvollen und im Kern angenehmen Tätigkeit nachzugehen, wohltuende Beziehungen zu pflegen, Freude und Genuss einzuladen – sich also einfach gut um das Körper-Geist-Seele-System zu kümmern, als das man hier auf der Welt ist. Die wirkliche Kunst aber ist, in sich die Basis dafür zu schaffen, selbstfürsorglich leben zu wollen, es sich zu erlauben und es dann auch zu tun. Es geht darum, die Selbstfürsorge zu etablieren und als Grundpfeiler des Lebens zu verankern.

Gönn dich dir selbst

Die sieben Hauptkapitel dieses Buches möchten dich ermutigen, dein Wohlergehen aktiv in den Fokus zu nehmen. Denn wer sonst sollte oder könnte es tun? Es ist und bleibt deine Aufgabe, zumindest seit du erwachsen bist.

Bevor Selbstfürsorge als Thema für uns alle populär wurde, sprach man vor allem in helfenden Berufen darüber. Denn dort herrscht bei den Menschen die Tendenz vor, sich intensiv und mit aller Kraft um andere zu kümmern, sich selbst dabei aber oftmals zu vernachlässigen. Die Arbeitsbedingungen sind in solchen Berufen – etwa in der Altenpflege, den Krankenhäusern, Kindertagesstätten und Schulen – nicht immer die besten, das Leistungspensum ist hoch, die Zeit knapp, man möchte natürlicherweise mit den Menschen, die man betreut, in Resonanz gehen und hat oft einfach nicht die Zeit dafür. Das alles kann schnell ermüden, frustrieren und erschöpfen. Daher tut eine aufmerksame Selbstfürsorge not. Die Erfahrungen zeigen dabei, dass sie von den meisten regelrecht erlernt und antrainiert werden muss. Das geschieht für Angehörige helfender Berufe manchmal gezielt in mehrwöchigen Kursen.[1] Die helfen nachweislich, den Stress zu reduzieren und die Selbstfürsorge längerfristig zu erhöhen.

Ein Kurs unter Anleitung und in einer Gruppe steigert natürlich die Chance, dass man dranbleibt. Und trotzdem waren ganze sechs Wochen nötig, bis sich die Selbstfürsorge im Leben der Teilnehmenden etabliert hatte. Erwarte also bitte nicht von dir – und auch nicht von diesem Buch –, dass sich dein Leben sofort komplett zum Allerschönsten hin wendet, wenn du beschließt, ab jetzt selbstfürsorglicher zu sein. Es ist ein Weg und es braucht Übung. Und es ist eine individuelle Sache. Für jeden funktioniert es auf andere Weise – die aber will erst herausgefunden werden.

Ich empfehle dir das Motto: »Was immer möglich ist«. Ich kenne es von mir selbst, dass ich beim Lesen von Ratgebern denke: Das geht in meinem Alltag aber nicht! Wie soll ich das machen? Und vor allem: wann?!

Mittlerweile habe ich gelernt, dass ich mit dem Motto »Was immer möglich ist« sehr viel weiter komme. Damit gebe ich den Tipps und Anregungen eine Chance. Und dann setze ich sie vielleicht nicht täglich um, aber doch ab und zu – wenn es eben gerade geht. Auch so tröpfeln neue Seinsweisen in mein Leben hinein und machen es freudvoller und leichter.

Das Gute ist: Jeder ehrliche Schritt in Richtung Selbstfürsorge bringt bereits Wohlbefinden und Freude mit sich. Wenn du mit dir achtsam und freundlich umgehst, bist du schenkend und beschenkt zugleich. Und mit beidem gewinnst du. Gehst du liebevoll mit dir um, hast du auf jeden Fall schon mal eine stabile Liebesbeziehung in deinem Leben. Warum das sogar die absolut wesentliche Liebesbeziehung ist, auch darum wird es in diesem Buch gehen.

Du bist bereits eine Expertin, ein Experte – für deine ganz eigene Form der Selbstfürsorge. Vielleicht schlummert sie noch ungelebt und unerforscht in dir. Doch niemand kann dir sagen, was für dich gut ist, was dir guttut und dich auftanken, aufblühen, erfüllt leben lässt. Was andere können, ist, dich dazu einzuladen, deine Art der

Selbstfürsorge nach und nach zum Leben zu erwecken. Und genau das möchte dieses Buch mit seinen sieben Kapiteln, seinen sieben »Geheimnissen« tun.

Viel Freude und gutes Gelingen!
Deine Franziska

Begeisterung

Wenn wir etwas verändern wollen, setzen wir meist beim Verhalten an. Wir versuchen, jeden zweiten Morgen joggen zu gehen oder den Gewohnheits-Nachmittagskuchen wegzulassen. Der Erfolg? Es gelingt ein paar Tage lang und dann rutschen wir ins alte Fahrwasser und ärgern uns über uns selbst. Aus der Forschung weiß man, dass wir woanders ansetzen müssen: an der Haltung. Ändern wir die – am besten in Richtung Begeisterung für das, was uns guttut –, ändert sich unser Verhalten von allein. Unser ganzes Wesen baut sich um in Richtung Gelingen.

Motor des Lebens, Dünger fürs Gehirn

Mit ausgebreiteten Armen am Meer stehen oder auf einem Berggipfel … oder am Bahnhof, um einen lieben Menschen zu empfangen. Das Herz weit offen, um nur ja nichts von dem zu verpassen, was hier gerade erlebbar ist. Oder die Stille einer sternenklaren Nacht erlauschen, den Herzschlag eines Kindes, das Schnurren einer Katze. Die tiefe Befriedigung nach getaner Arbeit spüren oder wenn eine knifflige Situation gemeistert wurde. Oder den Beginn eines Tages voller sonniger Stunden, die ganz dir gehören, genießen.

Kannst du es wahrnehmen, all das, was dir unter die Haut geht? Kannst du sie spüren, die Begeisterung? Dafür, dass du so vieles erleben und tun, gestalten und schaffen kannst? Dafür, dass du auf der Welt bist, dass du lebst und liebst und atmest? Kannst du die Begeisterung spüren? Zumindest ab und zu?

Es gibt vieles, was uns im Leben antreiben kann, was uns morgens aufstehen und auch Schwieriges anpacken lässt. Begeisterung ist sicher der schönste Antreiber, den wir im Repertoire haben. Und es ist nicht einfach nur ein gutes Gefühl. Vielmehr scheint es so zu sein, dass uns die Natur mit Begeisterungsfähigkeit ausgestattet hat, weil sich damit die Evolution entscheidend voranbringen lässt. Begeisterung führt dazu, dass wir uns selbst und damit auch unsere Spezies weiterentwickeln. In diesem Sinne ist sie äußerst lebensdienlich.

Dein Gehirn liebt Begeisterung

Dass ich die Begeisterung heute sehr bewusst erlebe, verdanke ich vor allem Gerald Hüther, den ich sehr schätze, weil er die Neurobiologie mit einer neuen Art, das Leben und die Gemeinschaft zu denken, verbindet. Für unseren Zusammenhang ist mir aus seinen Vorträgen Folgendes wichtig: Wenn etwas unter die Haut geht, schalten sich im Hirn die emotionalen Zentren an. Dann werden neuroplastische Botenstoffe ausgeschüttet, was im Normalbetrieb nicht geschieht – und das regt Wachstums- und Veränderungsprozesse an. Und zwar genau in den Bereichen, die gerade aktiv sind – also bezüglich der Dinge, die wir in diesem Moment tun oder erleben.[2]

Ist nicht das der Schlüssel zur Veränderung? Zur Veränderung in Richtung Selbstfürsorge? Wir können daraus mitnehmen, dass wir unser Leben so gestalten sollten, dass uns möglichst oft etwas unter die Haut geht, dass wir Freude spüren, Begeisterung, Lebendigkeit. Das führt zu einem lebenslang wach bleibenden, aktiv umbaufreudigen Gehirn, das sich mit all unseren Erfahrungen wunderbar weiterentwickelt. Wohin wir unser Erleben und unser Wahrnehmen steuern, haben wir bis zu einem gewissen Grad selbst in der Hand. Wenn wir möglichst oft bewusst erlebte, begeisternde Erfahrungen mit Selbstfürsorglichkeit in unseren Alltag tröpfeln lassen – so klein sie auch sind –, bauen sich im Gehirn die dafür zuständigen Areale aus und aus den anfangs schmalen Pfaden werden irgendwann Schnellstraßen, auf denen unsere selbstfürsorglichen Aktivitäten leicht und freudig unterwegs sind.

Erinnere dich

Wie auch immer du deine Lebenssituation momentan wahrnimmst: Nimm dir gelegentlich Zeit, dich an Ereignisse oder Situationen zu erinnern, die dich begeistert haben. An Momente, wo du schier außer dir vor Freude warst – oder ganz still vor lauter Staunen. Nimm dieses Empfinden wahr, nimm es tief fühlend in dich auf.

Die Begeisterung zu pflegen heißt nicht, dass wir schwierige Erfahrungen meiden sollten oder meiden könnten. Im Gegenteil: Auch ein anfangs schmerzhaftes Erleben geht uns unter die Haut und macht das Hirn neuroplastisch aktiv. Wir sind herausgefordert, die Situation zu meistern, das Problem zu lösen, und dafür stellt unser ganzes System Energie bereit – je stärker lösungsorientiert und vertrauensvoll wir sind, umso mehr. Haben wir die Nuss dann geknackt, gibt es wieder Belohnungsbotenstoffe von unserem Hirn, die uns anspornen sollen, auf diesem guten Weg zu bleiben und auch vor der nächsten Barriere nicht zu kapitulieren. Wir erleben Begeisterung dafür, dass wir einen wertvollen Schritt weiter sind auf unserem Weg. So wachsen und reifen wir unaufhörlich – in dem zunehmenden Gefühl, »es« hinzubekommen.

Du merkst schon: Ich bin begeistert von all diesen Zusammenhängen und möchte am liebsten alles auf einmal ansprechen und viele Fäden weiterspinnen im Feld der zahllosen Möglichkeiten. Doch der Reihe nach! Wir sind ja erst am Anfang dieses Buches.

Wie Veränderung gelingen kann

Das Thema Selbstfürsorge fordert die meisten von uns dazu heraus, ihr Leben zu verändern – bestimmte Dinge mehr zu tun, andere weniger und einige gar nicht mehr. Du wirst wissen, welches deine Baustellen und Achillesfersen, deine Versuchungen und Fallstricke sind. Und du weißt sicherlich auch, dass Veränderungen nicht so leicht umzusetzen sind. Martin Korte, ein anderer Hirnforscher, erklärt – von mir hier simpel zusammengefasst: Verändern können wir uns, wenn das Belohnungssystem aktiv wird und nicht das Erwartungssystem. Wenn nur das passiert, was wir erwarten, was wir schon kennen, was wir weitgehend stoisch hinnehmen, unterfordert und im Gefühl der Sicherheit, dass wir alles, was wir wollen, ohnehin erreichen, dann wird kein Dopamin ausgeschüttet. Das aber ist der Turbo fürs Lernen, fürs Verändern. Es wird als Glückshormon bezeichnet und ist vor allem für unseren Antrieb und unsere Motivation zuständig. Und eine Sache zu verfolgen und zu erleben, wie sie langsam ins Rollen kommt, kann ja auch tatsächlich glücklich machen.

Zum Belohnungssystem gehören neben Dopamin auch körpereigene Opiate und Oxytocin, das sogenannten Kuschel- und Bindungshormon. Wir lernen und verändern uns immer dann, wenn dieser Cocktail ausgeschüttet wird. Und das heißt, wenn wir begeistert sind (wie Hüther es sagen würde): wenn wir uns interessieren, wenn wir uns mit uns selbst und anderen verbunden fühlen, geschätzt und integriert, wenn wir Zuversicht erleben und gute Vorbilder kennen, die uns zeigen, was möglich ist. Und weißt du was? Um all das können wir uns weitgehend selbst kümmern. Um genau diese kleinen und großen »Geheimnisse« der Selbstfürsorge wird es daher im Folgenden auch gehen. Um genau diese und weitere Bausteine, die uns nach und nach das Gefühl geben, dass unser Leben gelingt.

Natürlich weiß auch die Forschung, wie schnell wir in alte Gewohnheiten zurückfallen. Im Hirn sagt dann, so bald wir etwas Neues versuchen, eine Stimme: »Ach, so was konnte ich doch noch nie.« Dann ruft es Ängste und Frust hervor, der Veränderungsprozess stagniert. Wir lassen im Sande verlaufen, was wir uns vorgenommen hatten.

Und was kann uns aus dieser Falle herausholen? Vor allem ein lohnendes Ziel. Eine Belohnung, die es uns wirklich wert ist. Geld und Materielles reichen dafür nicht. Es geht uns nämlich immer vor allem um ein Gefühl. Um ein Lebensgefühl, das wir haben wollen, eine innere Gestimmtheit.

Dein Lieblingsgefühl

Wie würdest du dich fühlen, wenn alle deine Wünsche wahr geworden wären? Welches ist das Gefühl, das du leben möchtest? Du kannst es nur ersehnen, weil du es bereits kennst. Kannst du es spüren? Jetzt gleich? Kannst du es immer dann bemerken, wenn es in deinem Alltag bereits da ist? Kannst du es dann schon voll und ganz genießen?

Martin Korte beschreibt aus seiner Forschung einige Punkte, die dafür sorgen, dass Veränderung gelingen kann: Wir müssen dafür

- glauben, dass wir es schaffen.
- dem Neuen einen vertrauten Anstrich geben.
- andere Menschen mit einbeziehen.
- Achtsamkeit kultivieren.
- uns vorstellen, wie es sein soll. Also visualisieren und uns hineinfühlen in das Zielgefühl.[3]

Um all das – und einiges mehr – wird es im Weiteren gehen. Der letzte Punkt klingt ja ein wenig nach Positivem Denken und Affirmationen – etwas, woran ich mich oft gerieben habe, weil ich immer den Eindruck hatte: Da stimmt was nicht. Man versucht sich da etwas vorzumachen, statt zu lernen, die Realität als ein Geschenk des Lebens anzunehmen. Man versucht, aus dem eigenen Kopf statt aus der Realität heraus zu leben. Aber natürlich ist auch etwas dran – wenn in mir kein Bild von einem lebenswerten und schönen Leben, von einem glücklichen erfüllten Selbst existiert, wird ein solches Sein kaum möglich werden. Bei mir hat es ehrlich gesagt nie funktioniert, dass mir die Realität irgendwann das brachte, was ich mir zuvor in Visionen und Tagträumen ausmalte. Wirklich nie – zumindest nie in der Weise, wie ich es wollte und malte und träumte. Doch sicherlich waren solche Träume und solches Affirmieren ein Training in Sachen: Leben darf schön sein. Sicherlich wurden in meinem Hirn dabei Bahnen gelegt für all die guten Gefühle, die dann tatsächlich immer mehr zugenommen haben.

Genau das ist für mich ein Beispiel dafür, dass es wohl letztlich keine Umwege gibt. Immer machen wir unsere Erfahrungen und lernen dazu. Und es gibt auch nicht den einen direkten Weg – denn auf dem würden wir wahrscheinlich nicht genug lernen und uns nicht ausreichend weiterentwickeln. Leben ist Bewegung und auf diesem Planeten geht es offenbar um Evolution. Und so nimmt auch ein insgesamt gelungenes und weiter gelingendes Leben die eine oder andere Talfahrt in Kauf – wie sonst könnten wir die Freude erleben, wenn es wieder aufwärtsgeht?

Lass dich immer neu begeistern

Leg deinen Fokus im Leben immer wieder auf Begeisterndes – im Großen, aber vor allem auch im Kleinen, im Unscheinbaren. Wenn du genauer hinschaust, hinhörst, hinspürst, haben unzählige Momente das Potenzial, dich in freudiges Erstaunen zu versetzen. Lass dich immer neu spüren, wie kostbar, wie wundervoll das Leben ist.

Was auch immer dazu für dich nötig ist: Nutze es! Das Blättern im Fotoordner, das Hören eines musikalischen Meisterwerks, das Sein in der Natur, das Spüren deines Körpers beim Yoga oder im Tanz, das Lachen mit deinen Kindern, ehrliche Gespräche mit Freunden, ein tiefer Blick in die Augen deines Liebsten – lebe und erlebe bewusst, was dich lebendig macht.

Wir alle sind mit viel mehr Potenzial auf die Welt gekommen, als wir heute leben. Das Gehirn stellt am Anfang viel mehr an Neuronen zur Verfügung, als gebraucht wird. Ausgebaut und erhalten wird dann von Geburt an das, was abgerufen, was genutzt wird. Und das, was ist, können wir selbst mitbestimmen.

Die schönste Nachricht der heutigen Hirnforschung, so Gerald Hüther, ist: Das Gehirn kann sich in jedem Alter um- und ausbauen. Lebenslang ist es möglich, dass wir lernen und uns entwickeln. Das Gehirn stellt dafür eine enorme Plastizität zur Verfügung, die immer dann genutzt wird, wenn die emotionalen Zentren miteinbezogen sind – wenn uns also etwas berührt, bewegt, aufwühlt, begeistert. Das erste Geheimnis eines liebevollen Umgangs mit sich selbst lautet also: Lass immer mehr Begeisterung in dein Leben hineintröpfeln. Und lass aus dem Tröpfeln nach und nach ein Fließen und ein Strömen werden. Sei wach und freudig bewusst bei all dem, was dir guttut. Nimm es nicht für selbstverständlich, sondern erlebe es mit allen Sinnen und spüre, was es mit dir macht. Mit einer begeisterten Grundhaltung dem Leben gegenüber findet dein Wesen den Weg zur Erfüllung von selbst. Dich in der Begeisterungsfähigkeit zu halten, ist daher die erste große selbstfürsorgliche Tat, auf der alles andere bestens aufbauen kann.

Sich selbst spüren

Was heißt denn eigentlich Selbstfürsorge? Es bedeutet nichts weiter, als dafür zu sorgen, dass es dem Menschen, der wir sind, gut geht. Dass er hat, was er braucht, und sich wohlfühlt. Um Selbstfürsorge leben zu können, muss man natürlich zuerst – ganz simpel – sein Selbst wahrnehmen, man muss es wiederfinden in den Strudeln des Alltags, muss ein Gefühl dafür bekommen. Ein guter Teil der praktischen Anregungen in diesem Buch ist daher im Kern die Einladung, dich bewusst an dich selbst zu erinnern.

Die Begeisterung ist uns von der Natur mitgegeben worden. Kinder leben sie auf besonders intensive Weise und brauchen nicht viel dafür – ein herbstbuntes Ahornblatt, die ersten Schneeflocken, junge Kätzchen im Frühling, das Naschen wilder Sommerbeeren. Wenn wir genau hinsehen und hinspüren, begeistern uns all diese Dinge ebenso. Und es darf noch »weniger« sein. In der Meditation Geübte wissen, dass das Nichts eine Menge Begeisterung hervorrufen kann, die Abwesenheit von allem Denken und Wollen, die pure innere Weite, die Stille. Das bloße, reine Sein zu spüren gehört zum Köstlichsten, was das Leben uns zu bieten hat: Begeisterung einfach darüber, zu sein. Es schließt uns an eine Quelle unendlicher Kraft und Freude an.

Sicher kennst du diese Momente – so selten sie auch sein mögen –, in denen du einfach weißt: Es geht immer noch tiefer, noch erstaunlicher, noch liebevoller, noch freier, noch weiter in die Geheimnisse des Lebens hinein. Lass dich in jeder Zelle deines Seins davon begeistern, dass du auf dieser großen Reise bist.

Das Verhalten folgt der Haltung

Warum gehen die einen liebevoll mit sich um, essen gesund, machen regelmäßig Sport oder Yoga, erfüllen sich ihre Ziele und Wünsche und gestalten sich das Leben behaglich und freundlich, während andere kaum vom Sofa hochkommen, wenig Gutes über sich selbst zu sagen wissen und mehr schlecht als recht durchs Leben stolpern? Nun, beide Extreme haben unterschiedliche Haltungen sich selbst und dem Leben gegenüber. Die bereits gemachten Erfahrungen etablierten eine entsprechende Haltung, die das weitere Sein in allem prägt.

Unsere Einstellung zu den Dingen bestimmt unseren Umgang damit: Wenn wir Sport ablehnen, werden wir keinen machen. Wenn wir gesundes Essen als etwas ansehen,

wofür man unendlich viel Zeit und jede Menge Geld benö-
tigt, dann werden wir es in unserem Alltag nicht etablieren. Wenn wir der Ansicht sind, dass wir es nicht verdient
haben, uns gut um uns selbst zu kümmern, während die
Kollegen doch so gestresst sind, dann werden wir weiter
über unsere Grenzen gehen und nicht genügend ausspan-
nen.

Erfahrungen, die wir in bestimmten Bereichen immer
wieder machen, verdichten sich in unserer Kindheit, aber
auch noch im Erwachsenenalter zu Haltungen. Und eben
weil sich unsere Haltungen aufgrund all unserer Erfahrungen über Jahre und Jahrzehnte gebildet haben, sind sie selten über Nacht zu ändern. Das merkt jeder, der etwas
Grundlegendes in seinem Leben umdrehen will. Es klappt
nicht so leicht.

Möglich ist es aber natürlich doch, sonst wäre in der
Bauweise des Menschen einiges wirklich schiefgelaufen.
Sonst gäbe es auch nicht all die vielen Menschen, die sich
über die Jahre doch grundlegend verändert haben – in
Richtung Wohlbefinden und Zufriedenheit. Ändern können sich Haltungen insbesondere durch neue Erfahrungen. Erfahrungen, die nicht dem entsprechen, was der bisherigen Haltung zugrunde liegt. Genau dazu kann man
sich selbst (und andere) ermutigen, und genau dem dienen
auch all die praktischen Ideen in diesem Buch: Sie wollen
dich zu neuen Erfahrungen inspirieren, die nach und nach
deine Haltung selbstfürsorglicher werden lassen.

Es ist, als würden neue positive Erfahrungen mit etwas,
was man vorher ablehnte oder nicht für möglich hielt, den
Boden austrocknen lassen, auf dem die ungünstigen

Haltungen über Jahre wucherten. Zugleich gießen und düngen sie den Boden für das, was guttut. Solche günstigen Erfahrungen können wir mitten im alltäglichen Leben machen. Je bewusster wir sie zu uns einladen und dann auch wahrnehmen, umso schneller können sie unsere Haltung verändern – und damit dann auch unser Verhalten im entsprechenden Lebensfeld.

Auch Achtsamkeit, Meditation und Praktiken wie The Work von Byron Katie (mehr dazu im Kapitel »Vertrauen«) sind hier sehr wirkungsvoll: Sie nehmen uns aus dem lange Eingeübten heraus, setzen uns gewissermaßen geistig auf neutralen Boden – und von dort aus können wir die Dinge neu betrachten und bewerten. Und dann erleben wir irgendwann bei einem kritischen Alltagsereignis staunend, wie wir plötzlich ganz anders handeln als gewohnt. Einfach so. Ohne es zu planen oder darüber nachzudenken. Es hat sich etwas geändert.

Jeder kleine, bewusst erlebte Wandel in eine liebevollere Richtung führt natürlich erneut zu Begeisterung und Belohnungscocktails, die das Gehirn auf unser Wohl ausschenkt. Und damit verstärkt sich die neue Art zu handeln in uns noch mehr. Wenn das kein lohnender Weg ist!

Die übliche Haltung in Bezug auf die Selbstfürsorge

Von wo aus aber starten wir auf diesem Weg? Es ist klar, dass wir auf passende Weise essen, schlafen, arbeiten, Pausen machen, den Körper bewegen, den Tag und die Woche gestalten, unsere Interessen verfolgen und unsere Psyche bei Laune halten müssen. Warum aber tun es die einen auf beste und förderliche Weise – und so viele andere bekommen es nicht wirklich hin? Was sind die Haltungen, die hier gegensteuern?

Unzählige innere Einstellungen können verhindern, dass wir uns gut um uns selbst kümmern: »Ich bin es nicht wert.« »Ich darf nicht egoistisch sein.« »Erst mal muss ich mich um die Kinder / den Job / den Verein / die Umwelt kümmern.« »Die anderen leben doch auch so.« »Es ist mir zu anstrengend, selbst etwas zu tun (schließlich zahle ich in die Krankenkasse ein).« Dazu kommen all die Stress machenden Gedanken, die mit »Ich darf nicht …« und »Ich sollte …« anfangen. Solche Haltungen beruhen auf bisher gemachten Erfahrungen – und letztlich einfach auf Gedanken, die wir mit uns mittragen, ohne sie einmal kritisch zu hinterfragen.

Was sagen deine Gedanken?

Nimm dir ein wenig Zeit, leg dir etwas zum Schreiben bereit, setz dich gemütlich hin und atme ein paarmal in Ruhe durch. Und dann frage dich: Was denkst du über dich und dein Leben? So ganz grundsätzlich. Was denkst du über deinen Alltag, deine Arbeit, über unsere Zeit, die Gesellschaft, die Welt? Schreib ganz unzensiert deine Gedanken auf, einfach alles, was dir in den Kopf kommt. Sei weder »gut« noch »spirituell« dabei. Lass die Gedanken einfach aufs Papier fließen.

Und nun frage dich: Lassen diese Gedanken zu, dass du dich liebevoll um dich selbst kümmerst? Erlauben sie es dir? Machen sie es dir leicht oder belasten sie dich und dein Engagement für ein gutes Leben?

(Wie du mit den notierten Gedanken konkret weiterarbeiten und Frieden in deinen Geist bringen kannst, erfährst du im Kapitel »Vertrauen«.)

Einfach so für unser Wohlbefinden sorgen, entspannt und freudig leben? Das fällt den meisten von uns nicht gerade leicht. Es widerstrebt dem Leistungsdenken, mit dem viele aufgewachsen sind, und es scheint in einer Welt, die von so vielen Krisen erschüttert wird, egoistisch zu sein. Ein Akt der Selbstliebe wird sehr oft nicht als positiv bewertet – auch wenn er rein mathematisch gesehen das Gute in der Welt ja vermehrt: Wenn wir dafür sorgen, dass es uns gut geht, dann ist dafür gesorgt, dass es diesem Teil der Menschheit, den wir ausmachen, bereits möglichst gut geht. Und wenn jeder so leben würde, wären doch schon ziemlich viele Probleme gelöst … Nun ja, so einfach ist es wohl doch nicht.

Ist Selbstfürsorge ein Luxus? Ja und nein, würde ich sagen. Ja, es ist ein Luxus, denn viele Generationen, die in Hungersnöte und Kriege verwickelt waren, konnten sich einfach nicht darum kümmern, dass es ihnen individuell gut geht – sie hatten vollauf damit zu tun, sich und ihre Familien am Leben zu halten und die Traumata nicht zu intensiv den Alltag bestimmen zu lassen. Bis heute geht es weltweit immer noch sehr vielen Menschen aus den unterschiedlichsten Gründen so. Wer sich mit Selbstfürsorge befasst, arbeitet also an einem Luxusproblem.

Gleichzeitig aber ist es aus meiner Sicht so, dass wir – also diejenigen, die sich damit beschäftigen können – es auch tun sollten. Unbedingt. Es ist in dem Sinne nämlich kein Luxus, als es uns in unserer Entwicklung weiterbringt, wenn wir endlich auch die Feinheiten erkennen: die Zusammenhänge zwischen unserem Umgang mit uns selbst und dem, wie sich uns die Welt zeigt. Es scheint offensichtlich, dass die Zukunft von uns allen auf dem Spiel steht und wir nur dann eine Chance haben, wenn wir lernen, grundlegend anders zu leben. Wenn wir zurückfinden in ein natürliches Gleichgewicht mit uns und der Erde. Und wo sollte dieses Neue beginnen, wenn nicht bei uns selbst? Wie sollte es gelingen, wenn wir nicht zu einem gesunden Umgang mit unserem eigenen Wesen finden? Wenn wir das Leben nicht in der Gestalt lieben und pflegen, achten und umsorgen, die uns am nächsten ist: als das Leben, das wir selbst sind?

Eine ausbalancierte Selbstfürsorge tut dir selbst natürlich gut. Doch sie trägt immer auch die Sorge für das Leben ganz allgemein in sich. Nicht zuletzt führt sie recht schnell zu einer liebevollen Sorge für das Umfeld. In diesem Sinne könnte man sagen: Selbstfürsorge ist ein Muss, damit immer mehr Menschlichkeit und Fürsorge, Liebe und Miteinander das Leben auf der Erde bestimmen – und sich damit immer mehr Menschen den »Luxus« leisten können, von Herzen gut für sich und ihre Spezies zu sorgen.

Frühere Generationen hatten andere Themen: Aufopferung, Wiederaufbau nach großer Zerstörung, Nächstenliebe.

Wir heute dürfen es uns erlauben, auch in einem umfassenderen Sinne auf uns selbst zu schauen. Wir haben die Chance, echte Selbstfürsorge zu lernen – und damit auch die Basis dessen zu ändern, was Streit und Krieg, Leid und Zerstörung hervorruft. Denn all das Leiden dieser Welt kommt ja aus uns selbst.

Der französische Philosoph und Meditationslehrer Fabrice Midal schreibt: »Es herrscht immer noch Einigkeit, dass es eine Form von Egoismus bzw. Luxus für Betuchte ist, wenn wir lernen, weniger grob mit uns selbst umzuspringen und mit dem Kult der Selbstkasteiung und Selbstverdammung Schluss zu machen. In Wirklichkeit aber ist es genau andersherum: Der Egoist liebt sich nicht zu viel, sondern zu wenig. Dieser Mangel an Selbstliebe lässt im Menschen ein Gefühl der Leere und Frustration entstehen, das er mit unstillbarer Gier auszugleichen sucht, ohne je Befriedigung zu erfahren. Egoisten sind wie unreife Kinder, die andere brauchen, um zu bekommen, was sie in sich nicht finden, und das ist zuallererst die Fähigkeit, sich selbst Freund zu sein.«[4]

Ich selbst habe tatsächlich die Erfahrung gemacht, dass ich mich dann egoistisch verhalte, wenn ich das Gefühl habe, zu kurz zu kommen. Wenn ich mich hingegen mit mir selbst verbunden fühle und freundlich dafür sorge, erfüllt zu sein, dann gibt es keinen Anlass, egoistisch zu sein. Im Gegenteil, dann gebe ich gern und ganz von selbst. Dann gönne ich anderen ihr Glück und ihre Fülle. Geht dir das auch so?

Erst »Ob«, dann »Wie«

Zuerst brauchen wir offenbar die Einsicht und vor allem die Erlaubnis, dass es uns gut gehen darf. Dass wir für uns bestmöglich sorgen dürfen. Und wer kann uns diese Erlaubnis geben? Nur wir selbst. Selbstfürsorglich kann sein, wer sich wichtig genug nimmt und den eigenen Interessen so viel Bedeutung zuweist, dass er sie sich erfüllt – oder das zumindest ernsthaft und stetig versucht. Wir müssen uns als wichtig und der Fürsorge wert erachten.

»Ich bin es mir (wirklich) wert«

Fasse den Entschluss, wann immer es geht, *für* dich zu entscheiden. Feierabend oder noch was fertig machen? Entspannen oder grübeln? Fast Food oder selbst kochen? Wochenendausflug oder die Präsentation noch mal durchgehen? Manchmal haben wir keine Wahl. Doch wann immer sich eine solche Frage stellt, gibt es offenbar die Möglichkeit zu wählen. Wähle also dein Wohl. Entscheide dich, glücklich, wohlig, du selbst zu sein. Jetzt gleich. Nicht erst kommende Woche, wenn etwas geschafft ist oder sich irgendwelche Blätter gewendet haben könnten. Du musst dabei weder egoistisch noch fahrlässig werden – wenn du die Wahl hast, wähle das, was sich gut anfühlt.

Selbstfürsorge ist eine sehr private Angelegenheit. Wenn du dich nicht darum kümmerst, wird es niemand tun. Und das ist auch genau richtig so. Deswegen heißt es ja Selbst-fürsorge – weil es die Aufgabe jedes Einzelnen ist, sobald er erwachsen ist. Niemand kann es dir abnehmen – keine Familie, kein Partner, keine Freunde oder Kollegen und auch nicht die Gesellschaft. Im Gegenteil: Die anderen werden sogar eine Menge unternehmen, dir die Selbstfürsorge zu erschweren. Sie werden eigene Bedürfnisse anmelden, die deinen entgegenstehen. Sie werden dich herausfordern und »ärgern«. Sie werden Rahmenbedingungen schaffen, die nicht unbedingt förderlich sind. So bieten sie dir jede Menge Gelegenheiten zu zeigen, dass es dir wirklich ernst ist mit der Sorge um dich selbst.

Die heutige Arbeitswelt und Lebensweise scheint immer wieder Löcher in die Tanks unserer Lebensenergie und unseres Wohlbefindens zu reißen. Das bedeutet: Einfach so, von allein, automatisch und ohne aktive Fürsorge kann heute wohl niemand gesund, zufrieden oder gar glücklich und erfüllt leben. Zugleich haben wir alle Möglichkeiten: Wir können trotz der Unmengen an Ungesundem das Gesunde wählen. Wir können trotz der zahllosen Verlockungen und Ablenkungen einen förderlichen Fokus wählen. Wir können trotz der vielen Felder von Angst und Ablehnung die Grundhaltung von Miteinander, Dankbarkeit und Liebe wählen. Es ist möglich.

Und damit ist es wieder gefallen, das entscheidende Stichwort: die Grundhaltung. Selbstfürsorge, das klingt gern wie ein Arsenal an Praktiken, die man nutzen kann, um sich gutzutun. Doch zuallererst ist es die innere Haltung, sich guttun zu wollen. Ist die entwickelt und gefestigt, dann kann man mit all den unendlich vielfältigen

Techniken, Methoden, Genusspraktiken und Wohlfühlideen spielen. Erst kommt das »Ob«, dann folgt das »Wie«.

Wie aber entwickeln wir dieses »Ob«, dieses »Ja, ich sorge gut für mich, selbstverständlich«? Leicht ist es nicht. Aber das brauche ich dir sicher nicht zu sagen, denn du hättest kein Buch dazu in die Hand genommen, wenn es für dich die selbstverständlichste Sache der Welt wäre, gut für dich zu sorgen. Und ich hätte kein Buch darüber geschrieben, wenn es für mich die selbstverständlichste Sache der Welt wäre. Mit allem, was du hier findest, möchte ich dich einladen, selbstfürsorglich schöne Erfahrungen in deinen Alltag hineinfließen zu lassen, was dich zu einer stärker selbstfürsorglichen Grundhaltung im Leben führen wird.

Fühle es

Nimm dir einen Moment Zeit und fühle dich hinein in ein Leben voller Selbstfürsorge. Fühle dich wirklich hinein in einen Alltag, in dem du deine Bedürfnisse ernst und wichtig nimmst. Lass es als Vision in dir aufleben. Wie wäre es? Was würdest du anders machen? Was würde deine Selbstfürsorge ausmachen? Welche Haltung hättest du zu dir selbst und wie würde sie sich im Alltag zeigen?

Wie ist das nun mit dem Egoismus?

Auf die Frage, worum es in meinem neuen Buch denn gehe, sagte ich eine Zeit lang: »Ich schreibe über Selbstfürsorge.« Und jedes Mal beeilte ich mich hinzuzufügen, es sei mir ein wichtiges Anliegen zu zeigen, wie Selbstfürsorge in Weltfürsorge münden kann. Ohne diesen Zusatz fühlte ich mich nicht wohl. Irgendwie glaubte ich, man würde das Ganze für etwas Egoistisches halten. Für Selbstbezogenheit. Für Narzissmus gar.

Eines Tages aber war plötzlich die Frage in mir: Was ist das eigentlich für eine Botschaft an mich selbst? Selbstfürsorge ist ja gut und schön – aber nur, wenn sie zu Weltfürsorge führt? Wenn sie Mittel zum Zweck ist? Wenn es letztlich doch wieder nicht um mich geht, sondern um andere, um das große Ganze, um etwas »Höheres«?

Das fühlte sich nicht nur an wie Verrat an mir selbst, es war auch unlogisch. Denn wenn man es genauer betrachtet, gibt es diese Unterscheidung gar nicht: Sorge ich für mich oder besser für andere und die Welt? Immer ist es zunächst Sorge, Fürsorge. Und immer erhellt sie ein Stückchen der Welt.

Klar ist: Nur wenn es uns gut geht, haben wir anderen etwas zu geben. Doch wir sind sowieso immer mit den anderen verbunden – jede unserer Handlungen und Stimmungen wirkt auf sie ein und umgekehrt beeinflussen sie uns genauso. Damit ist unsere Welt immer auch von den anderen abhängig. Die anderen und die Welt können wir dabei nur in sehr geringem Ausmaß ändern – und wenn wir es tun, wissen wir nie, ob es auch wirklich zu deren und zu unserem Besten geschieht. Es ist einfach nicht unsere Angelegenheit.

Uns selbst aber gehen wir sehr viel an – wir können uns beeinflussen und verwandeln, in unserem ganzen Sein und in unserem Umgang mit den Lebensumständen und mit anderen Menschen. Wir selbst sind der Teil der Welt, der unsere »Baustelle« ist, unser Erlebnispark und unser Erfahrungsmittelpunkt. Und sich bestmöglich darum zu kümmern, fühlt sich nicht nur gut an, sondern auch richtig und natürlich. Es ist, als würde es jede unserer Zellen belohnen, und auch das Leben ist dann umso freundlicher zu uns.

Wir können uns nicht getrennt von allem anderen erleben – und doch können wir nur bei uns selbst anfangen. Bei unseren eigenen Angelegenheiten. Spencer Johnson schrieb dazu sehr schön: »Je süßer ich zu mir selbst bin, umso seltener bin ich sauer auf mich selbst und die anderen.«[5]

Ob Selbstfürsorge egoistisch ist, kannst du für dich ganz leicht klären, indem du mal in beide Möglichkeiten hineintauchst: ein selbstfürsorgliches Leben und eines, das sich lieber nicht so viel um das eigene Wohl kümmert.

Selbstfürsorge – nein oder ja?

Machen wir es ganz plakativ. Denn das braucht unsere Gedankenwelt, um Klarheit zu gewinnen. Stellen wir einmal die Auswirkungen einander gegenüber, wenn wir selbstfürsorglich sind und wenn wir es nicht sind, weil wir es für egoistisch halten oder es uns nicht wert sind. Für mich persönlich sähe es so aus (vielleicht ist es für dich genauso – oder du schreibst dir eine eigene Gegenüberstellung, wenn du magst):

Wenn ich der Selbstfürsorge kaum Raum gäbe,

- … würde ich schnell an Kraft verlieren.
- … würde ich missmutig und argwöhnisch, überkritisch und übellaunig sein, weil ich mich benachteiligt und vom Leben schlecht behandelt fühlen würde.
- …. würde ich schlechte Stimmung verbreiten und andere in Gesprächen runterziehen. Weniger Leute würden mit mir zu tun haben wollen – was mich noch kritischer und zickiger machen würde.
- … würde ich mein eigenes Leben und das große Ganze ziemlich pessimistisch sehen und überall dort einstimmen, wo man mit Angst und Sorge, Wut und Hoffnungslosigkeit über die Dinge spricht.
- … hätte ich meinen Leserinnen und Lesern nichts mehr zu geben, würde allenfalls Negatives verbreiten (und man könnte nur hoffen, dass niemand mehr meine Bücher verlegt).
- … wäre das Risiko stark erhöht, dass ich krank und (zeitweise) arbeitsunfähig wäre. Das soziale System müsste für mich aufkommen.

- … hätte ich keinen Nerv, mich auch für die größeren Fragen in Gesellschaft und Umwelt zu interessieren.

Puh, ich hör lieber auf. Das fühlt sich scheußlich an, wenngleich realistisch. Das alles kenne ich durchaus. Nur wurde dieser »Tiger« in mir über die Jahre immer weniger gefüttert. Stattdessen konnte der andere stärker werden, der auf der anderen Seite:

Weil ich der Selbstfürsorge Raum gebe,
- … fühle ich mich überwiegend und immer wieder neu kraftvoll, kreativ und voller Ideen.
- … bin ich tendenziell optimistisch, großzügig, freudig und fühle mich vom Leben beschenkt.
- … gestalte ich mein Leben nach besten Kräften so, wie es zu mir passt.
- … bin ich sehr stark lösungsorientiert.
- … erlebe ich die Kontakte zu anderen meist als liebevoll, bereichernd und als stärkend für beide Seiten.
- … freue ich mich, mit den Leserinnen und Lesern meiner Bücher in einem konstruktiven und wertschätzenden Austausch über die guten Potenziale des Lebens zu sein.
- … tue ich mein Bestes, um gesund und aktiv zu sein und zu bleiben – in Dankbarkeit für mein Körper-Geist-Seele-System.
- … bin ich wach und wo sinnvoll aktiv für die größeren Fragen zu Gesellschaft und Umwelt.

Wenn das »Ob« geklärt ist, kommt das »Wie« fast von allein. Die Haltung gestaltet das Verhalten. Der Geist ist frei zu suchen, wie wir gut für uns sorgen können – auch (und vielleicht sogar vor allem) dann, wenn die Umstände schwierig sind. Er wird in dieser Sache aktiv, sobald er nicht mehr darüber nachgrübeln muss, ob Selbstfürsorge wichtig oder egoistisch sei. Seine Kraft wird dann frei für kreative Ideen und Möglichkeiten der Umsetzung.

Wie könnte eine selbstfürsorgliche Haltung aussehen?

Ich kenne einen Mann, der sich liebevoll und sorgsam um seinen Körper kümmert, ihm viel Sinnlichkeit und Tanz gönnt und regelmäßig Triggerpunkte löst, um geschmeidig zu bleiben. Ich kenne eine Frau, die eine wohltuende, sorgsam ausgetüftelte Ernährung pflegt. Und abends stellt sie sich eine Thermoskanne mit heißem, ayurvedisch lange gekochtem Wasser ins Bad, um gleich am Morgen davon trinken zu können. Im Flugzeug saß ich einmal neben einer Frau, die eine ganze Tasche voller Wohlfühldinge für den Flug dabeihatte: Augenmaske, dicke Socken, Stirnband, Ohrstöpsel, Kuscheldecke … »Sieht vielleicht komisch aus, aber ich friere sehr leicht und möchte mich wohlfühlen«, sagte sie. Und da ist ein Mann, der über Jahre hinweg alle auftauchenden stressigen Gedanken mit der Methode The Work (siehe Kapitel »Vertrauen«) hinterfragte und einer der entspanntesten, freudigsten und liebevollsten Menschen ist, die ich überhaupt kenne.

Selbstfürsorge kann die unterschiedlichsten Gesichter haben. Es ist eine ganz individuelle Angelegenheit. Gemein ist allen selbstfürsorglichen Menschen, dass es ihnen wichtig ist, sich gut um sich zu kümmern. Es hat für sie eine hohe Priorität, dass es ihnen selbst gut geht. Auch wenn die Umstände schwierig sind, halten sie die Absicht aufrecht, das weitgehend Beste für sich zu tun. Sie haben gelernt, voller Mitgefühl mit sich selbst umzugehen, liebevoll und wertschätzend. Die Frage: »Was könnte ich jetzt für mich tun?« hat bei ihnen Gewicht. Und sie wissen: Es geht nicht darum, dass alles immer gut klappt und dass sie sich immer happy fühlen. Nein, es ist ein Weg, der das Auf und Ab im Leben kennt. Und wenn es heute gelingt, ist das wunderbar. Wenn nicht, dann war es ein Versuch, aus dem sie etwas lernen konnten. Die Absicht ist wichtig. Die grundlegende Haltung, dass das eigene Wohl zählt und dass sie selbst dafür Sorge tragen wollen. Selbstfürsorgliche Menschen sind solche, die es mit sich selbst ernst meinen und sich dabei doch nicht so wichtig nehmen. Sie haben das eigene Wohl im Fokus – ohne engstirnig und blind für andere zu werden.

Ein kleiner Moment der Selbstfürsorge

Leg einmal das Buch beiseite, wenn du magst, und frage dich: »Was könnte ich jetzt für mich tun?«. Lausche nach, welche Antwort sich zeigt – als Idee, als Impuls, als Bild. Vielleicht atmest du einfach tiefer ein oder aus. Oder du erkennst, dass du gern schlafen möchtest, statt weiterzulesen. Dass du dich rekeln und dehnen oder einer Freundin eine liebe Nachricht schicken willst. Oder dass du dich selbst kurz in die Arme nehmen willst – dankbar dafür, dass du es mit der Selbstfürsorge ernst meinst.

Wer gut für sich sorgt, hat den Fokus öfter nach innen gerichtet, als man es heute üblicherweise tut. Denn dort, in uns selbst, geschieht das Wesentliche, von dem aus sich alles Äußere gestaltet.

Daher macht es auch nichts, wenn sich das eigene Tun mal seltsam darstellt. Ich erinnere mich da an eine Zeit auf einer schönen Insel im Mittelmeer. Ich hatte ein sehr einfaches Hotelzimmer mit einem grandiosen Blick – über die Altstadt und dahinter aufs Meer, aus dem morgens glutrot die Sonne emporstieg. Leider aber war das Bett eine Art Hängematte, in der ich kaum ein Auge zutun konnte. Ein anderes Zimmer mit diesem tollen Blick war nicht frei, und an der Rezeption zeigte man wenig Interesse für mein Anliegen. Was tun? Ich wollte hierbleiben, mich aber die weiteren acht Nächte nicht quälen. Es musste eine Lösung her. Alle Sinne waren – obwohl übermüdet – darauf ausgerichtet. Und schließlich entdeckte ich bei meinem Streifzug durch die Stadt ein Haushaltswarengeschäft, kaufte acht Besenstiele und legte sie gitterförmig unter die Matratze. Ich kam mir komisch vor – doch das war mir ab dem Moment egal, als ich endlich wieder die Nachtruhe genießen konnte.

Disziplin?

Ein gern bemühter Diskussionspunkt darf natürlich nicht fehlen, wenn es um Veränderungen im Leben geht: die Disziplin. Ist sie nötig? Ist sie sinnvoll? Ich weiß nicht recht. Es mag Menschen geben, für die es gut funktioniert und die damit nicht nur ihre Ziele erreichen, sondern auch Erfüllung finden. Ich selbst verwende den Begriff für mich nicht.

Die meisten halten mich für diszipliniert, weil ich relativ gesund lebe, meine Arbeit und sonstigen Aufgaben hinbekomme, meist pünktlich bin und Ähnliches. Ich selbst halte mich nicht für diszipliniert, weil ich meine Aufgaben selten mithilfe von Disziplin erledige. Und ich halte mich für undiszipliniert, weil ich sehr oft nicht tue, was ich eigentlich will, und nicht unterlasse, was ich nicht mehr will. Disziplin bedeutet für mich Druck, der aus ehrgeizigen Plänen resultiert und mein momentanes oder allgemeines Empfinden nicht berücksichtigt. In diesem Sinne möchte ich gar nicht diszipliniert sein. Ich möchte mir nichts aufzwingen, wenn ich nicht innerlich spüre, dass es stimmig ist. Ich möchte mich nicht zu etwas zwingen, was nicht – da sind wir wieder – meiner Haltung entspricht. Ganz abgesehen davon, dass aus meiner Sicht Disziplin nur so lange funktioniert, wie ich den Druck aufrechterhalten kann. Sobald er verschwindet, falle ich ins alte Muster zurück.

Das heißt nicht, dass es für eine längerfristige Veränderung nicht ab und zu Druck braucht, Überwindung, Durchhaltevermögen. Als Selbstständige weiß ich das sehr gut – und ich weiß auch, dass ich mir allein niemals so viel

Druck aufbauen kann, wie das jemand von außen kann: ein Chef, ein Auftraggeber, das schmaler werdende Guthaben auf dem Bankkonto … oder auch eine Freundin. Deswegen verabrede ich mich manchmal mit einer Freundin, um eine Veränderung zum Gelingen zu bringen. Wir tauschen uns dann beispielsweise wöchentlich darüber aus, wie bei jeder das gelaufen ist, was verwandelt werden soll – ob es darum geht, einen pünktlichen Feierabend einzuführen oder sich so zu ernähren, wie es einem guttut. Es kann auch bedeuten, sich regelmäßig zum Joggen oder Radfahren zu verabreden, wenn man es allein zu selten hinbekommt. Solche Arrangements schaffen eine Verbindlichkeit, die mit der Zeit helfen kann, die Haltung zum jeweiligen Lebensbereich zu ändern, weil nämlich positive Erfahrungen gemacht werden. Und die haben die Macht, auch alteingesessene Haltungen zu verwandeln.

Disziplin ist nicht mein Weg. Dranbleiben ja. Die Vorhaben immer neu justieren, damit es stimmig bleibt und in mir Freude spürbar ist, ja. Das, was ich gern möchte, immer wieder in die Willenskraftbereiche meines weitläufigen Gehirns fließen lassen, ja. Mich schulen und trainieren, ja, zum Beispiel in Hinsicht auf Offenheit und Achtsamkeit.

Viel wirkungsvoller: Achtsamkeit

Achtsamkeit ist leider zu einem Modewort geworden, das zunehmend beliebig verwendet wird. Wir hören es – und winken ab. Doch was der Begriff bezeichnet, bleibt kostbar, und es zu leben, kann alles wandeln.

Achtsamkeit und Selbstfürsorge verstärken sich gegenseitig. Achtsamkeit ist Selbstfürsorge – wir spüren sofort, wie gut uns schon ein achtsamer Moment tut, wie weit und entspannt, gegenwärtig und handlungsfähig er uns macht. Selbstfürsorge ist ohne Achtsamkeit gar nicht möglich. Allein schon das Bemerken dessen, was wir wirklich brauchen, setzt sie voraus.

Es ist eine seltsame Zeit, in der wir leben. Schließlich haben wir alles, um es gut zu machen. Wirklich alles. Individuell ebenso wie kollektiv. Uns steht ein Übermaß an Gütern, Fähigkeiten, kulturellen und technischen Errungenschaften, an Wissen, Austauschmöglichkeiten und so weiter zur Verfügung. Doch wir können es meist nicht so nutzen, dass es uns und der Welt zum Segen gereichen würde. Was uns dazu insbesondere fehlt, scheint mir im weitesten Sinne eben die Achtsamkeit zu sein. Das wache Bemerken dessen, was ist, was wir haben, was wir erleben. Das Wahrnehmen der Umwelt, der anderen und der wahren Bedürfnisse aller Wesen, uns eingeschlossen.

Achtsamkeit wird oft als Weg zur Wirklichkeit beschrieben. Als Weg, um das reale Leben wieder zu spüren und wirklich wahrzunehmen. Vom Zukunftsforscher Matthias Horx hörte ich folgende Definition für die Achtsamkeit: »Paying attention to what you are paying attention« (also etwa: »auf das achten, worauf du achtest«).

Mit Achtsamkeit zurück ins reale Sein

Hol dich zwischendurch immer wieder zurück in die Realität des jetzigen Moments. Spüre deine Finger, die das Buch oder den Reader umfassen. Höre dir selbst beim Atmen zu oder nimm den Boden unter deinen Füßen wahr, den Stoff auf der Haut oder das stille Wesen einer Zimmerpflanze oder eines Baumes draußen. Spürst du, wie gut, wie echt sich das anfühlt? Wie frei du bist, wenn du dich um nichts anderes kümmerst als um diesen Augenblick?

Wie eine Welt voller achtsamer Menschen sein kann, erlebt man in spirituell ausgerichteten Seminaren, in Klöstern oder Yogahäusern. Oder in Bibliotheken. Ich bin zum Beispiel sehr gern in der Leipziger Nationalbibliothek. In den Lesesälen dort sitzen Studenten, Dozenten, vielleicht mal einige Journalisten, außerdem einige ältere pensionierte oder emeritierte Gelehrte. Und sie alle lesen, schreiben und denken leise vor sich hin. Ein Saal voller stiller Menschen, die sich in ihre jeweiligen Themen vertieft haben und sie voranbringen. In dieser Atmosphäre halten sich wirklich alle gegenseitig die Schwingtüren auf, und das nicht nur, wenn sie jemanden mit einem Stapel schwerer Bücher herankommen sehen. Im ganzen Gebäude und auch davor auf der Freitreppe und im Park ist es relativ still. Es ist akzeptiert, dass jeder seinen Gedanken nachgeht. Man achtet auf sich selbst – und auf die anderen. Ich mag diese Atmosphäre sehr. Ich beobachte sie gern, liebe es, ein Teil von ihr zu sein, und genieße, wie gut sie mir tut.

Ja, unter achtsamen Menschen fühle ich mich wohl. Als jemand, der gern allein ist und größere Menschenansammlungen lieber meidet, merke ich: Sind es tendenziell achtsame Menschen, dann sind mir auch tausend nicht zu viel, wie auf manchen Kongressen oder Seminaren. Und weil mir die Achtsamkeit so guttut, versuche ich sie mir so oft wie möglich zu schenken. Unabhängig davon, ob ich allein oder unter Menschen bin.

Achtsamkeit hat eine große Kraft. Sie verwandelt nach und nach das ganze Leben. Sie ist es, die wirkliche Veränderungen in Richtung Gesundheit, Lebendigkeit und liebevolles Sein bewirken kann. Viele unserer ungünstigen Handlungen werden nur dadurch möglich, dass wir nicht bei der Sache sind: Der gewohnheitsmäßige Stress lässt uns keine Zeit zum Innehalten und zum Lauschen auf unsere wirklichen Bedürfnisse. Wir spüren nicht, wie es uns geht, wenn wir uns in unnütze Kämpfe verstricken, Schokolade futtern, einen Krimi nach dem anderen ansehen oder unsere schlechte Stimmung an unseren Liebsten auslassen. Hier nach und nach Achtsamkeit einfließen zu lassen – bewusstes Bemerken, Erspüren, Entschleunigen und Entscheiden –, das verwandelt das ganze Leben.

Hinein in die Aufwärtsspirale

Es ist tatsächlich möglich, sich selbst in Richtung Glück zu trainieren – die perfekte Form der Selbstfürsorge. Es ist möglich, sich darauf auszurichten, immer mehr Schönes zu erleben. Und darauf, nicht mehr die Umstände über das eigene Befinden bestimmen zu lassen. Natürlich sind wir in unseren Stimmungen und Gefühlen nicht unabhängig vom Geschehen um uns herum. Aber wir können wählen, wie wir mit diesem Geschehen umgehen. Sicher kennst du die vielen Momente des Ärgers, der Aufregung, der Sorgen und der Traurigkeit, die völlig umsonst, zwecklos und dabei noch energieraubend sind. Wir schimpfen jahrelang über eine Kollegin – die aber nun mal so ist, wie sie ist. Unser Schimpfen ändert daran nichts. Wir kämpfen gegen drei überflüssige Kilos – die aber nicht weggehen, weil sie offenbar in dieser Lebensphase zu uns gehören. Doch der erfolglose Kampf verdirbt uns die Laune und die Lebensfreude, vom Appetit ganz zu schweigen. Wir wehren uns mit Händen und Füßen – und nächtlichem gedankenvollem Wachliegen – gegen eine Trennung oder Kündigung, die sich ein paar Wochen später als ein großes Geschenk herausstellt.

Wenn der richtige Fokus für Aufwind sorgt

Wie so viele Menschen vollzieht auch die Wissenschaft in einzelnen Bereichen seit einigen Jahren eine Wende vom Blick auf das Negative und Gefährliche hin zum Fokus auf das, was gelingt. In der Positiven Psychologie geht es seit den 1980er-Jahren darum, sich in Forschung und Therapie mindestens ebenso sehr um Ressourcen, Stärken und Gelingendes zu kümmern wie um Defizite und Schwächen. Mindestens ebenso sehr um das Erblühen wie um Reparaturarbeiten an der Psyche. Das kann uns daran erinnern, das in unserem Leben auch so zu handhaben.

Die folgende Praxis habe ich schon oft beschrieben, aber sie ist bei aller Einfachheit so wirkungsvoll, dass sie auch hier nicht fehlen darf. Es ist eine Übung aus der Positiven Psychologie, die wissenschaftlich nachgewiesen hilft, in ein immer stärker positives Lebensgefühl zu kommen: in eine Aufwärtsspirale. Das Vorgehen ist simpel:

Glückstagebuch

Mach dir ein kleines Tagesabschluss-Ritual daraus und notiere dir jeden Abend mindestens fünf Dinge, die an diesem Tag gut waren, die dich gefreut, berührt, dankbar oder glücklich gemacht haben, die besser liefen als erwartet.

Mit dieser täglichen Praxis lenkst du die Aufmerksamkeit auf all das, was gut und schön ist, was funktioniert und dein Ja zum Leben, deine Begeisterung beflügelt. Das führt dazu, dass du auch im Alltag vermehrt auf genau diese positiven Dinge achtest, sie stärker wahrnimmst und sie sich damit auch tatsächlich vermehren. Du wirst zu einem Magneten für das Positive. Ist diese Aufwärtsspirale erst einmal in Gang gesetzt, wird es dir immer besser gehen. Du wirst kraftvoller, freudvoller und kannst mit eventuellen Schwierigkeiten oder Missstimmungen besser umgehen.[6]

Außerdem kannst du jederzeit in deinem Glückstagebuch zurückblättern und lesen, wie reich und erfüllt dein Leben ist. Wenn du dabei noch einmal intensiv in die guten Energien eintauchst und die Gefühle neu erlebst, hebt das die Stimmung enorm. Nutze das vor allem, wenn es dir mal nicht so gut geht. In meiner Erfahrung ist es sogar so, dass dieser Fundus an Dingen, die schöne Gefühle auslösen, die Bereitschaft stärkt, auch die unangenehmeren Gefühle anzunehmen, wenn sie denn gerade da sind. Sie verlieren angesichts der Fülle an Gutem ihren Schrecken.

Viele der Perlen in unserem Leben würden wir ohne eine solche oder ähnliche »Archivierung« auch einfach vergessen. Unser Gehirn merkt sich Problematisches sehr viel besser als Schönes – es muss ja dafür Sorge tragen, dass wir Gefahren erkennen und dass sich Schlimmes möglichst nicht wiederholt. Das war jahrtausendelang wertvoll und ist auch heute sehr nützlich. Es kann uns aber mit einem trüben Blick durchs Leben schicken, der gar nicht nötig wäre. Wie Mark Twain sinngemäß sagte: Ich war in meinem Leben sehr viel Schrecklichem ausgesetzt, das allermeiste davon ist nie eingetreten. Ja, es existiert nur in unseren Gedanken – unseren Vorstellungen und Befürchtungen.

Dich auf das Positive im Leben auszurichten, es einfach nur bewusst wahrzunehmen – das ist sicher das Wichtigste, was du in Sachen Selbstfürsorge tun kannst. Es kann dich nachhaltig verändern – und auch dein Umfeld, das dann wieder positiv auf dich zurückwirkt. Wenn du positive Gefühle erfährst und dich insgesamt als zufrieden und freudig erlebst, bist du automatisch offener, herzlicher und mitfühlender. Du gehst leichter Beziehungen ein und versuchst aus einem natürlichen inneren Bedürfnis heraus, anderen Gutes zu tun. Aus deinem Aufblühen wird damit eine Art »soziales Flourishing«[7], indem du deiner Umgebung hilfst, selbst auch in die Aufwärtsspirale zu kommen.

»So ist es für jede Familie nur gut, wenn sich die Einzelnen um ihr Glück bemühen. Ebenso für jede Nachbarschaft. Und für Firmen und Betriebe, denen nebenbei noch die bessere Produktivität und Kreativität sowie die gesteigerte Lösungsorientiertheit der glücklichen Mitarbeiter zugutekommt.«[8]

Die goldene Regel – 3:1

Mit der Positiven Psychologie kann man erklären, warum ein Positiv-Tagebuch das Leben in die Aufwärtsspirale und uns zum Aufblühen bringt. Es ist nämlich etliche Male nachgewiesen worden, dass wir dreimal so viele angenehme, positive Empfindungen brauchen wie unangenehme, als negativ erlebte, um uns ins Positive hinein zu entwickeln. 3:1 lautet die Formel. Doppelt so viele gute Empfindungen reichen nicht aus, es müssen dreimal so viele oder noch mehr sein. Und die holen wir uns mit einem Glückstagebuch ganz leicht ins Leben, denn es lenkt einfach nur unseren Fokus darauf und lässt uns das Gute bewusster erfahren.

Interessanterweise gilt die 3:1-Regel nun nicht nur für gute Gefühle, sondern für alles Mögliche andere auch. In meinem Buch *21 Gründe, das Alleinsein zu lieben* übertrage ich die Regel zum Beispiel auf das Spannungsfeld von Alleinsein und Mit-anderen-Sein. Je nachdem, worauf man sich fokussiert, das wird im Leben stärker. Genau das kannst du nutzen, um mehr von dem zu leben, was du dir wünschst und womit du besser für dich sorgst. Du wendest deinen Fokus darauf, zum Beispiel in deinen abendlichen Tagebucheinträgen: auf mehr Entspannung, Bewegung, Begegnung, Herzlichkeit, Tatkraft, Mut, Zuversicht oder was auch immer es ist, was du vermehren willst. Du kannst auch direkt alles notieren, was du an diesem Tag selbstfürsorglich getan hast – wo du dich *für dich* entschieden, dir etwas Gutes hast zukommen lassen oder dir etwas »Blödes« liebevoll verzeihen konntest.

Aktivitäten-Apps

Es gibt verschiedene Apps, in die man seine Tagesaktivitäten eintragen kann. Einige erlauben es, selbst Begriffe und Bildchen für die Dinge festzulegen, die man häufig tut oder tun und erleben will. Am Ende des Tages kannst du dann anklicken und damit speichern, was du alles erfüllt hast. Eine solche App hilft dabei, dir die Dinge im Bewusstsein zu halten, die dir wichtig sind, und sie intensiver und ausdauernder zu leben.

Ich kenne eine Frau, die viele Jahre Single und damit auch ziemlich zufrieden war. Dennoch sehnte sie sich nach mehr männlicher Energie in ihrem Leben. Sie nutzte eine solche Aktivitäten-App und legte sich einen Button »Mann-Moment« an, den sie immer dann für den Tag aktivierte, wenn sie eine schöne Begegnung mit einem Mann hatte, in der sie sich als Frau gesehen fühlte. Anfangs fand sie das Ergebnis recht mager – nur selten hatte sie eine entsprechende

Eintragung. Doch es wurden mehr und nach fünf Monaten kam sie – völlig unerwartet und fast widerstrebend – mit einem Mann zusammen und erlebt seither eine erfüllende Beziehung mit ihm. Was sie getan hat, war, das Gegengewicht zu dem zu stärken, wovon sie bereits ausreichend in ihrem Leben hatte. Sie hatte ausreichend Zeit für sich und viele Begegnungen mit Freundinnen. Doch die »Mann-Momente« wollte sie vermehren. Und dies nicht aus einem Mangelempfinden heraus, sondern im Gefühl für eine für sie stimmige Balance.

Ich kann dich – und mich selbst nicht weniger – nur ermutigen: Trau dich, ganz aufzublühen und die Blüte vollumfänglich zu erfahren. Nicht nur ein bisschen. Voll und ganz du selbst zu sein, ist nicht nur wunderschön und erfüllend, es macht auch das Reifen und allmähliche Welken leichter. Es wurde nichts verpasst. Jede Phase darf in ihrer eigenen Schönheit und Qualität sein. Jede darf in dir Begeisterung entfachen.

Freiraum

Selbstfürsorge braucht Zeit. Zeiträume, in denen wir zu uns kommen. Zeiten, in denen sich etwas entfalten kann. Räume, die nur uns gehören, und stille Momente, in denen wir die Stimme unseres Herzens wieder hören.

Raum und Zeit für Gelingen schaffen

Weniger ist mehr – das gilt heute wohl so stark wie nie zuvor. Von beinahe allem haben wir zu viel. Nun ja, außer von Dingen wie Lebensfreude, Zuversicht oder Herzenswärme. Und von Zeit. Davon haben wir immer zu wenig. Zumindest scheint es so. Denn nach wie vor hat jeder Tag vierundzwanzig Stunden und sieben davon machen eine Woche aus, von denen es zweiundfünfzig pro Jahr gibt. Alles wie gehabt – die Tage sind so lang wie seit jeher, und genauso die Jahre, die jeweils einem Umlauf der Erde um die Sonne entsprechen.

Wahrscheinlich beginnt der Stress genau damit, dass wir die Zeit berechnen, detailliert unterteilen und effizient gestalten wollen, statt sie einfach freudig verstreichen zu lassen und dabei zu erleben, was es zu erleben gibt. Statt sie – wie ich es einmal beim Dichter Rafik Schami las –

»genüsslich zu vergeuden«. Der herausragende Soziologe Hartmut Rosa kann sehr genau erklären, warum uns die Zeit immer knapper wird: Er bezeichnet die Geschichte der Moderne als eine Geschichte der Beschleunigung. Die Prozesse des Produzierens, des Konsumierens, des Sichinformierens, des Reisens, des Erlebens, die Abläufe an den Finanzmärkten, in der Wirtschaft, an den Schulen, in der Politik, sie alle beschleunigen sich seit vielen Jahrzehnten. Überall packen wir mehr in die gleiche Menge an Zeit. Doch der Tag wird nicht länger, nur weil wir mehr schaffen wollen. Also müssen wir verdichten: schneller handeln. Und das führt zu immer mehr Stress. Wir kommen nicht mehr hinterher. Wir geraten an die Grenzen unserer physischen und psychischen Belastbarkeit, sehen aber auch keine Chance zum Ausstieg.

Wir sind keine Maschinen. Wir Menschen sind zum Beispiel einfach nicht gut darin, sehr viele Infos in kurzer Zeit zu verarbeiten. Beim sogenannten Multitasking bricht schnell der Arbeitsspeicher zusammen. Wobei wir auch beim Multitasking niemals zwei Dinge gleichzeitig tun, sondern im Gehirn schnell zwischen diesen beiden (oder mehr) Aktivitäten geswitcht wird. Laden wir uns aber zu viel auf einmal in den Arbeitsspeicher, wächst die Stressbelastung enorm an. Je mehr Entscheidungen wir treffen müssen, umso stärker nehmen Willens- und Entscheidungskraft ab.

Laaaaaangsam

Geh ab und an bewusst langsam, um das Leben wirklich mitzubekommen. Agiere langsam, um das Tun zu spüren. Sprich langsam, um dich selbst dabei zu erfahren.

Wir sind dafür gemacht, im Moment zu leben, ab und zu innezuhalten und in Ruhe auf unser Werk, unser Leben und unsere Mitlebenden zu blicken. Mal tief und entspannt durchzuatmen. Mußezeiten zu genießen. Unsere gesamte Biologie profitiert von einem Wechsel zwischen Anspannung und Entspannung, zwischen schnell und langsam.

Zum Glück bemerken wir allmählich, dass wir in unserem Eilen auf einem ungesunden Holzweg sind, und steuern vielerorts gegen. Wir begreifen zum Beispiel, dass es gar nicht effektiver ist, mehr Stunden zu arbeiten. Die neuseeländische Firma Perpetual Guardian ließ das im Jahr 2018 genauer untersuchen und führte dann die Viertagewoche ein – bei gleichem Gehalt. Die Angestellten waren – dem zweimonatigen, wissenschaftlich begleiteten Test zufolge – motivierter und zufriedener.

Herrlich, oder? Vier Tage Arbeit und drei Tage frei und das bei einem Gehalt, von dem man gut leben kann. Wie viel an Freiraum tut sich da auf, der genüsslich genutzt werden kann: kreativ, sozial, gesundheitlich, musisch. Selbstfürsorglich.

Freiraum-Scanner

Nimm dir gelegentlich etwas Zeit, um dein Leben auf mehr Freiraumpotenzial hin zu untersuchen. Was könntest du ändern? Was würde dich begeistern? Im Job die Stundenzahl reduzieren? Dir Hilfe holen – im Haushalt oder beim Ehrenamt? Bestimmte Aufgaben abgeben?

Was ließe dich durchatmen und das Leben wieder spüren? Ein fester Abend oder Wochentag ganz für dich und deine Bedürfnisse? Ab und zu mal für ein paar Wochen in einer anderen Stadt oder am Meer leben? Eine Wandergruppe, die dich regelmäßig zum Energietanken in die Berge bringt? Was willst du und was ist möglich?

Zu wenig Zeit – das dürfte es sein, was der Selbstfürsorge am ehesten entgegensteht. Bei allem guten Willen und aller Einsicht, bei aller Begeisterung und aller Herzenslust, sich Gutes zu tun – wann soll man es unterbringen im ohnehin schon überfüllten Alltag? Und wie die Muße dazu finden, wenn der Kopf raucht vor lauter noch ausstehenden Aufgaben?

Es hilft nichts: Wir sind aufgerufen, Lösungen für dieses große Thema unserer Zeit zu finden – jeder Mensch für sich und wir alle zusammen. Patentrezepte und So-klappt-es-garantiert-Tipps gibt es nicht, dafür sind die Beschleunigungsprozesse, die unserer Natur so widerstreben, viel zu komplex. Also müssen wir kreativ werden und ausprobieren, was auch immer uns Freiräume verschaffen könnte. Je mehr wir uns gegenseitig von kleinen und großen Erfolgen damit berichten, umso leichter kann es allmählich für alle werden.

FOMO – oder: Weniger ist mehr

Als ich zum Alleinsein und seinen schönen Seiten forschte, tat ich das auch aus einer inneren Sorge heraus: der Angst, »es« falsch zu machen und vielleicht Chancen ungenutzt zu lassen, wenn ich so viel allein war. Dass diese Angst einen Namen hat, wusste ich damals noch nicht: FOMO. Diese vier Buchstaben bezeichnen die Befürchtung, etwas zu verpassen, insbesondere im sozialen Leben. Fear of missing out ist der ausführliche Name dieses im Zunehmen begriffenen Phänomens. Über die modernen Medien erfahren wir von so unendlich vielen Möglichkeiten, dass wir leicht in einen Strudel des Immer-mehr geraten können. Und wie viel wir auch surfen und chatten, posten und abonnieren – wir verpassen zwangsläufig dennoch den Großteil dessen, was geboten wird und erlebt oder wahrgenommen werden könnte.

Vor allem aber verpassen wir im hastigen Abscannen der Welt (im Kopf und im Internet) das, was tatsächlich da ist: uns selbst und das Leben, so wie es sich gerade zeigt.

Stopp!

Wann immer es dir einfällt: Stoppe mitten in dem, was du gerade tust. Halte an. Halte inne. Und nimm einfach nur wahr, wer und wie du gerade bist. Komm wieder zu dir, mit deiner ganzen Aufmerksamkeit. Atme einmal tief durch und lass dann weiterfließen, was gerade ansteht.

Wenn wir uns heute stark getaktet fühlen, kommt das zu einem guten Teil von außen. Aber es kommt eben auch von innen – durch unsere Unruhe, unseren Drang, auf dem Laufenden zu bleiben und das Unmögliche zu wollen: alles zu wissen und mitzukriegen und dabei selbst auch ausgiebig wahr- und wichtig genommen zu werden. Selbst bei den Aktivitäten in der realen Welt ist es so: Auch zu viel vom Schönsten ist zu viel. Und wer keinen zeitlichen Freiraum hat, dem macht irgendwann auch die liebste Tätigkeit keinen Spaß mehr.

Bei alldem gilt zeitlicher Überfluss vielen heute schon als ein besserer Anzeiger für Wohlstand als materieller Überfluss. Sicher, ein gewisses Maß an materieller Sicherung und gesellschaftlicher Teilhabe muss gegeben sein. Sonst wären die Menschen, die auf den sozialen Mindestsatz angewiesen sind und dafür viel Zeit haben, die glücklichsten. Das sind sie aber nachweislich nicht, da sie sich oftmals aus der Gesellschaft ausgeschlossen fühlen. Doch nur mit dem individuell stimmigen Maß an Eingebundensein und Freiraum fühlt sich das Leben gut an und bleiben wir in unserer Kraft.

Cocooning

Zieh dich zeitweise einfach mal ganz aus allem raus. Nutze einen Abend oder einen ganzen Sonntag, um dich zu Hause einzuigeln, es dir gemütlich zu machen und ganz zu dir zu kommen. Das geht leichter, wenn du dir einen Schwerpunkt setzt, was du in dieser Zeit tun möchtest: dich mal wieder genussvoll um deinen Körper kümmern, etwas malen, nähen oder anderweitig gestalten, ganz altmodisch Briefe schreiben, Tagebücher lesen, eine Entspannungsmethode, die du mal bei irgendeinem Seminar oder aus einem Buch gelernt hast, auffrischen ... oder einfach gar nichts tun und alle Systeme in dir zur Ruhe kommen lassen.

Auch wenn wir akzeptieren, dass wir immer nur einen Bruchteil dessen, was möglich wäre, tun und erleben können: Zur Selbstfürsorge gehört es auch, all das nach Kräften zu realisieren, was man wirklich leben will. Wer sich diese Freiheit nimmt, ist natürlicherweise zufriedener, weil er nicht so viele ungelebte Träume in sich betrauert. Ob du Kinder um dich haben willst (oder keine), ob du Kitesurfen lernen, ab und zu für eine Zeit im Ausland leben oder Tango tanzen willst – richte es dir ein. Meist finden sich Wege, wenn es auch manchmal erst ein wenig Kreativität dafür braucht.

Mein Lob des Nichtstuns

»Ich muss meine Zeit sinnvoll nutzen!« Was hat mich dieser Satz schon gequält! Zeitweise konnte ich einen richtigen Häkchenwahn entwickeln. Nicht nur auf meiner To-do-Liste, sondern auch bezüglich des Richtig-Essens, des Yoga, des Workouts, des An-der-frischen-Luft-Seins, des Meditierens ... Hatte ich das alles ausreichend gemacht?

Es sollte Selbstfürsorge sein, doch es war reinste Selbstoptimierung. Eine Qual. Und eine Falle, die das, worum es bei vielen dieser Aktivitäten eigentlich ging, komplett unmöglich machte. Achtsamkeit, Genuss, Selbstvergessenheit nach Plan?

Wenn ich nur gewusst hätte, was die Hirnforschung längst weiß: dass ausgerechnet Nichtstun zum Sinnvollsten gehört, was wir unserem Gehirn schenken können! Es nimmt sich diese Gelegenheiten nämlich nur zu gern, um mal aufzuräumen mit all dem, was unerledigt geblieben ist. Und meist entsteht aus dem Nichtstun heraus dann etwas Neues, Kreatives. Es ist wieder Raum dafür im Kopf. Oder wann kommen dir die guten Gedanken und die bestechendsten Ideen? Beim angestrengten Nachdenken am Schreibtisch? Dann wärst du die Ausnahme. Bei den meisten – große Wissenschaftler und Künstler eingeschlossen – kommen sie nämlich in der Entspannung, beim Spazierengehen, beim Aufwachen morgens, unter der Dusche, beim Herumbummeln.

Es ist aber nicht nur das Gehirn, das beim Nichtstun jubelt. Unser ganzes Sein entspannt sich, wenn eine solche Pause eintritt. Wir nehmen uns Zeit, das bisher Erlebte, das Leben überhaupt wirklich zu spüren. Denn wir erfahren auch deshalb alles immer komprimierter und erdrückender, weil wir es kaum noch aufgearbeitet bekommen. Es ist wie auf dem Schreibtisch. Hat man nie Zeit, alle Papiere mal abzuheften, Rechnungen und Anfragen zu erledigen und alles durchzusortieren, dann stapeln sich die unerledigten Dinge und mahnen finster bei jedem Blick, den wir darauf werfen. Im Hirn und in den Nerven

»stapeln« sich ganz ähnlich die noch nicht verarbeiteten Reize. Ständig kommen aber neue hinzu – und es entsteht das Gefühl von Enge, Hetze und »rasendem Stillstand«. So bezeichnet Hartmut Rosa das Immer-schneller-immer-mehr, bei dem aber nichts herauskommt, weil es keinen Sinn außerhalb des Mehr-Werdens kennt.

Dein Urlaub als Break

Urlaub als Insel des Nichts-tun-Müssens haben die meisten von uns mit regelmäßiger Sicherheit. Statt sich dabei einfach ins Abenteuer zu stürzen und darauf zu hoffen, dass die freien Tage schon irgendwie alles verändern werden, könntest du sie ganz bewusst als Break nutzen. Als Zwischenzeit, als Niemandsland zwischen zwei Phasen.

Nimm dir dafür an jedem deiner freien Tage ein wenig Zeit, um zu beleuchten, was genau dich stresst und dir zu viel ist und wie du es ändern könntest. Nimm dir die Zeit, um mit dir selbst ins Gespräch darüber zu kommen, wo du es dir leichter machen kannst, wenn du wieder im Alltag bist. Mach eine Art Mini-Coaching daraus. An dessen Ende könnten ein paar Ideen stehen, auf deren Umsetzung du dich richtig freust. Wenn das beim Meeresrauschen oder mit einem erhabenen Blick von den Bergen aus geschieht, umso schöner. Lass den kostbaren Urlaub wirklich Urlaub sein, doch zweige ein wenig Zeit zum Einschwingen auf eine möglichst ähnlich erholsame Zukunft ab.

Warum aber tun wir eigentlich alle so viel? Oft heißt es, dass es die Gier ist, die uns antreibt. Ich war da schon immer skeptisch. Ich neige leider auch dazu, zu viel zu arbeiten und zu tun – aber als gierig erlebe ich mich nicht. Sehr froh war ich daher, als ich den schon erwähnten Soziologen Hartmut Rosa und seine These kennenlernte, dass wir tendenziell nicht gierig sind, sondern Angst haben, zurückzufallen. Wir leben in einer Gesellschafts- und Wirtschaftsform, die sich nur durch beständiges Wachstum stabilisieren kann. Sie kann nur so bleiben, wie sie ist, wenn wir alle jedes Jahr ein bisschen mehr leisten, ein bisschen mehr erwirtschaften und auch ein bisschen mehr konsumieren. Warum genau das so ist, kannst du bei Hartmut Rosa detailliert nachlesen.[9] Ich zumindest merke in meinem eigenen Erleben und in allem, was ich in der Gesellschaft beobachte, dass er recht hat. Ich selbst arbeite manchmal zu viel, weil mich die Projekte, die mir angeboten werden, begeistern und ich dann vielleicht auch mal zu oft »Ja, übernehme ich gern!« sage. Vor allem aber sorge ich mich, dass ich später nicht genug zum Leben haben könnte und dass ich deswegen lieber noch mehr und noch mehr vorsorgen sollte. Die Inflation spielt hinein, das Thema der Sicherheit oder Unsicherheit der Renten … und so mache ich es mir oftmals heute schwer, um übermorgen nicht leiden zu müssen. Verkehrte Welt, aber Lebensrealität vieler, denen es »eigentlich« sehr gut geht.

Hier wieder mehr Freiraum hineinzubekommen, ist eine anspruchsvolle Aufgabe. Ansetzen können wir letztlich dort, wo wir bemerken, dass wir selbst es sind, die den Sturm befeuern, unter dem wir leiden. Das Grundlegende daran ist über die letzten Jahrzehnte kollektiv so gewachsen – und ergibt sich bei genauer Betrachtung folgerichtig, wenn eine Gesellschaft Wirtschaftswachstum und technischen Fortschritt als oberste Werte ansetzt. Anderes, was uns stresst, ist aber tatsächlich individuell und damit von uns steuerbar. Sicher ist es auch eingebunden in das größere Ganze und daher braucht es Mut, sich abseits des Hauptstroms etwas mehr Ruhe zu schenken. Doch alles, was Einzelne hierbei für sich tun, tun sie für andere mit. Es schafft ein Beispiel dessen, was möglich ist. Und der Mut für Nachahmer muss mit jedem weiteren Menschen, der sein Dasein nach Kräften selbstfürsorglicher gestaltet, weniger groß sein.

Termine absagen

Wenn du unter Druck stehst und dich überfordert fühlst: Nimm deinen Kalender zur Hand, geh die nächsten Tage und Wochen durch und spüre nach, welche der Termine du absagen kannst. Natürlich sind es oft die Freizeitaktivitäten und Verabredungen mit Freunden, die wir am ehesten verschieben können, das, worauf wir uns am meisten gefreut haben. Wenn diese Dinge uns jetzt aber Druck machen, weil zu wenig Zeit für uns bleibt, ist es besser, die anderen um Verständnis zu bitten, die Freundschaft zu bekräftigen und die Treffen abzusagen oder zu verschieben. Die Vorfreude hast du ja zumindest schon genießen können. Aus meiner Erfahrung reagieren die anderen immer verständnisvoll – oder wegen eigenem Druck sogar erleichtert.

Die größte Angst der Menschen heute ist die vor dem sozialen Abrutschen, vor Arbeitslosigkeit und Armut. Und die beliebteste Bewältigungsstrategie ist es, noch mehr zu leisten, sich noch mehr anzustrengen, die eigenen Bedürfnisse noch weiter hintanzustellen. Was das für unsere gehetzte Gesellschaft heißt, darüber möchte man lieber gar nicht nachdenken. Denn woher sollen die innovativen Ideen und kreativen Neuansätze für all unsere Herausforderungen kommen, wenn wir alle nur herumrasen und unsere To-do-Listen abhaken?

Zum Glück aber gibt es viele Menschen, die Innovatives ins Leben bringen – die sich um genossenschaftliches Wohnen, bedingungsloses Grundeinkommen, Tauschringe und vieles Weitere kümmern, das aus dem Hamsterrad herausführen kann. Sich dort umzuschauen und einzubringen, kann ein weiterer Puzzlestein im Gesamtbild einer gelungenen Selbstfürsorge sein.

Eine Minute Auszeit

Stell dir – irgendwann am Tag – einen Wecker oder eine passende App auf eine Minute. Starte sie, schließ die Augen und warte, bis das Zeichen ertönt, dass die Minute um ist. Tu nichts weiter, als zu atmen und dein Am-Leben-Sein wahrzunehmen. Komm zu dir – und bemerke, wie lang eine einzige Minute ist, wenn sie achtsam erlebt wird.

Im Alltag ist derweil das Glück, einfach mal »auf Stand« zu sein, kaum zu toppen. Es gelingt heutzutage den wenigsten, und wenn, dann meist nur kurz. Aber es lohnt sich, in einer aktiven Stimmung alle kleinen Gelegenheiten dafür zu nutzen, die Minipunkte auf der To-do-Liste wegzuräumen. Und wenn es dann mal geklappt hat: mit jeder Zelle dieses Gefühl auszukosten, von akut rufenden Aufgaben frei zu sein. Auch wenn es nur ein paar Minuten oder einen Abend lang anhalten mag. Aber der bewusst erlebte Genuss schafft eine Referenz für dieses Gefühl in uns. Dafür, wie es ist, sich einfach mal in Ruhe lassen zu können.

Der schon erwähnte Philosoph und Meditationslehrer Fabrice Midal schrieb ein ganzes Buch über die eine grundlegende Forderung, sich selbst in Ruhe zu lassen. Auch beim Meditieren und »auf dem Weg«. Denn wo soll es eigentlich hingehen? Was das Wesentliche ist und bleibt, übersehen wir meist: das Ankommen im Jetzt. Mehr geht nämlich nicht.

Wie viel Mut das erfordert, während all die Alltagsmühlen immer schneller mahlen, kann jeder in seinem Lebensbereich erforschen – und als Herausforderung annehmen. Oft fragte ich mich, wenn es zum Beispiel beim Schreiben nicht weiterging: Was wäre jetzt selbstfürsorglich? Und oft hieß die Antwort: nicht schreiben, frei machen.

Das klang verlockend, machte mir aber ordentlich Angst. Schließlich hatte ich einen Abgabetermin, der mit jedem Tag näher rückte, und es war noch so viel zu tun! So viele Themenbereiche waren noch nicht bis in die Tiefe durchdacht, noch nicht aufgeschrieben, noch nicht ausformuliert und ausgefeilt. Doch wenn es nicht ging, dann ging es nicht. Dann kam nichts dabei heraus, wenn ich recherchieren, schreiben oder auch nur nachdenken wollte. Und dann wurde ich eng und ängstlich.

Mit der Zeit aber begriff ich, dass ich auf etwas vertrauen konnte, was ich schon oft erfahren hatte: Immer folgte auf eine Phase des Lockerlassens eine der großen Klarheit, der tollen Ideen und Inspirationen und der Schaffensfreude und Kraft. Als würde sich während einer müden Zeit alles nicht unbedingt Erforderliche im System lahmlegen lassen, damit sich alle Energie auf die inneren Weiterentwicklungs- und Reifungsprozesse legen konnte. Als würde sich etwas Neues vorbereiten.

Dagegen anzugehen, ist schlicht kontraproduktiv. Ich jedenfalls hätte nichts Stimmiges aufs Papier bringen können und letztlich nur Zeit und Energie verschwendet. Und vielleicht hätte ich die wirklich guten Ideen dann sogar verhindert. So versuchte ich nach und nach, dem starken Drängen nach mehr Freiraum nachzugeben – und mich nach Möglichkeit damit wohlzufühlen und darin zu entspannen. Wann immer es möglich war, übte ich mich darin, die etwas trägeren Zeiten zu genießen, ohne mich als »fahrlässig« zu verurteilen.

In den russischen Märchen, die ich in meiner Kindheit oft im Fernsehen sah, hieß es oft: »Der Morgen ist klüger als der Abend.« Weil die Nacht dazwischenliegt, in der sich alles ohne unser aktives Zutun neu sortieren kann. Wobei man zunächst nichts tut und dabei doch so viel unvergleichlich Wertvolles – das ist ja tatsächlich das Schlafen. Wir können dabei sogar mehr Zeit gewinnen, und das ist schließlich der Wunsch der meisten von uns.

Powernap – aus einem Tag anderthalb machen

Wann immer es möglich ist: Gönn dir einen kleinen Mittagsschlaf von etwa zwanzig Minuten. Manche kommen sogar mit zehn Minuten aus und schaffen es dabei, am Schreibtisch halb liegend kurz einzuschlafen. Worauf es ankommt, ist, wirklich runterzufahren und kurz »weg« zu sein. Es ist wie ein Reset fürs System.

Verena Steiner, Buchautorin und Biochemikerin mit Schwerpunkt Lern- und Arbeitseffizienz, spricht davon, dass ein solcher Powernap aus einem Tag anderthalb macht, weil er uns in der zweiten Tageshälfte deutlich leistungsfähiger und wacher sein lässt.[10]

Und da wir schon beim Schlafen sind: Ausreichend zu schlafen, ist eine elementare Basis der Selbstfürsorge. Wer sich damit brüstet, nur fünf Stunden Schlaf zu brauchen, ist vielleicht eine Ausnahme in biologischer Hinsicht, möglicherweise aber einfach auch nur grausam zu sich selbst und einseitig auf Leistung gepolt. Das Schlafbedürfnis der Menschen ist unterschiedlich und geistig und schöpferisch Tätige scheinen nach Verena Steiner allgemein mehr zu brauchen – oder sie sind sensibler für ihre Bedürfnisse, wodurch sie sich mehr Schlaf gönnen.

Aufmerksamkeit – das höchste Gut

Vierundzwanzig Stunden hat nach wie vor jeder einzelne Tag. Die Frage ist: Was packen wir hinein? Worauf richten wir unsere Sinne, Gedanken und unser Handeln? Die Zeit ist immer da – aber wie füllen wir sie?

Unsere Aufmerksamkeit ist zu einem Gut geworden, um das Familie, Freunde, soziale Netzwerke, Blogger, Influencer und die Hersteller x-tausender Produkte gleichermaßen ringen. Wir selbst stehen da oftmals ganz hinten in der Schlange. Firmen, Websites, Mitmenschen reißen sich darum: Wo schaust du hin im Internet? Wo greifst du hin im Supermarkt? Wovon erzählst du deinen Freunden? Die vielen Milliarden, die jährlich für Werbung ausgegeben werden, haben ein Ziel: deine Aufmerksamkeit.

Georg Milzner schreibt in seinem Buch *Wir sind überall, nur nicht bei uns*, dass Aufmerksamkeit die neue Währung ist. Nach gut fünfundzwanzig Jahren Erfahrung als Therapeut stellt er fest, dass die Leute früher das Problem hatten, sich nicht verstanden oder schlecht angesehen zu fühlen. Heute leiden sie darunter, sich gar nicht wahrgenommen zu fühlen. Aber: Sie nehmen sich selbst nicht mehr wahr. »Selbstaufmerksamkeit ist die Basis für alles, was das Leben ausmacht.«[11] Selbstfürsorge heißt, die Blickrichtung zu ändern: Wenn alle deine Aufmerksamkeit wollen – wie wäre es, sie zu allererst für dich zu nutzen? Sie ökonomisch und so einzusetzen, dass vor allem erst einmal du daraus Kraft ziehst? Und wie wäre es, mehr darauf zu achten, wohin du deine Aufmerksamkeit gibst, als darauf, was für eine Art von Aufmerksamkeit du erhalten willst?

Die Fünf-Minuten-Schleuse

Mach es dir zur Angewohnheit, wann immer möglich, eine zeitliche Schleuse von fünf Minuten zwischen einzelne Tagesabschnitte zu legen: zwischen einen Auswärtstermin und die nächste Runde am Schreibtisch, zwischen Arbeit und Feierabendprogramm, zwischen Aus-der-Stadt-Zurückkommen und Kochen ... Setz dich in Ruhe hin, spüre einfach nur dich selbst, bevor du mit den nächsten Aktivitäten beginnst. Schenke deine Aufmerksamkeit dir selbst.

Wer für sich sorgen will, muss zuerst bei sich ankommen. Und das Allerbeste ist: Die Selbstfürsorge schenkt dir bereits das Gefühl, gesehen, bejaht und gewürdigt zu werden – von dir selbst. Und wenn du dich so fühlst, dann ziehen die anderen nach. Das ist sicher, aber dann gar nicht mehr so bedeutsam. Denn du fühlst dich ja bereits gesehen und erfüllt.

Sich zuerst wieder gut stimmen

»Es will vieles werden«, heißt ein wunderschönes Gedicht von Jean Gebser: »Wir gehen immer verloren, / wenn uns das Denken befällt. / Und werden wiedergeboren, / wenn wir uns ahnend der Welt / anvertrauen und treiben / wie die Wolken im hellen Wind.«

Ja, »wenn uns das Denken befällt«, sind wir zu den unsinnigsten Dingen in der Lage und die unangenehmsten Stimmungen überkommen uns. In den nächsten Kapiteln werden wir uns noch genauer mit dem Einfluss des Denkens auf unser Empfinden und Erleben befassen. Was mir aber hier an dieser Stelle das wesentliche Geheimnis der Selbstfürsorge zu sein scheint: Erst geht es um eine gute Gestimmtheit, dann um das weitere Handeln. Es mag noch so stressig sein und es mag noch so viel Wichtiges und Dringliches zu tun geben – wenn du dabei in schlechter, selbstquälerischer, aggressiver oder weinerlicher Stimmung bist, hat es keinen Wert. Und du tust dir weh, wenn du einfach so weitermachst. Manchmal muss schnell noch etwas zu Ende gebracht werden. Meist aber gibt es die Möglichkeit einer kurzen Pause. Das Allerbeste ist es, sich zuerst um den eigenen inneren Zustand zu kümmern.

Raus aus der Gefahrenzone

Es gibt diese Momente, in denen man sich selbst nur noch wehtut. Für die einen mag es eine Fressorgie sein, für andere das innere und äußere hektische Rasen, für wieder andere das aggressive Schimpfen oder gehässige Tratschen. Du wirst wissen, was es bei dir ist.

Wenn du wieder einmal bemerkst, dass du gerade dabei bist: Stopp! Hör auf mit allem, was du gerade tust, und wechsel am besten auch den Ort. Geh ins Nebenzimmer oder nach draußen. Atme ein paarmal durch und spüre dich wieder. Richte dich darauf aus, wie du sein möchtest. Erinnere dich an dein liebstes Lebensgefühl. Kehre innerlich zu dem zurück, was dir wichtig ist und wie du leben möchtest. Wenn das wieder klar ist, kannst du im Alltag gut weitergehen. Wenn es dir schwerfällt, frage dich, was dir jetzt helfen kann, wieder ganz du zu sein. Und dann schenke dir genau das oder plane es für die allernächste Zukunft ein.

Es braucht Raum, damit wir bemerken, was überhaupt los ist. Es braucht einen Moment des Innehaltens, des Sich-selbst-Annehmens. Erst von diesem Raum aus ist spürbar, was gebraucht wird und wie wir es uns geben könnten. Im Trubel bemerken wir es nicht.

Aus meiner Erfahrung lohnt es sich auch, Zwänge und äußere Gegebenheiten regelmäßig zu hinterfragen. Sie sind meist flexibler in Hinsicht auf Freiraum, als uns zunächst bewusst ist. Ich habe mir daher angewöhnt, stets so lange um- und umzuplanen, bis sich gut anfühlt, was in der nächsten Zeit auf der Agenda steht. Natürlich beachte ich Fakten und Notwendigkeiten, aber das Gefühl, das etwas in mir auslöst, hat eben auch einen sehr hohen, mindestens ebenso wichtigen Stellenwert.

Auf diesem Weg ist mir etwas Faszinierendes bewusst geworden: Es geht gar nicht darum, irgendwann einmal so weit zu sein, dass man alle To-dos plangemäß schafft. Es geht darum, mit dem entspannt zu sein, was man heute schafft. Denn man schafft sowieso nur das, was man schafft (und das ist meist weniger als geplant). Damit zufrieden zu sein, schafft dauerhafte Zufriedenheit, denn sie ist unabhängig vom Ergebnis. Wenn es in den letzten Wochen, Monaten und sogar Jahren so war, dass du an den einzelnen Tagen nur selten das geschafft hast, was auf deinem Plan stand, wird das vielleicht so bleiben. Du hast es in der Vergangenheit überstanden und so wirst du es wahrscheinlich auch jetzt überstehen. Ohne die Selbstvorwürfe und den unnötigen Teil des Stresses aber ist es deutlich angenehmer. Und vielleicht bleibt sogar mehr Freiraum für Erledigungen.

Dem Leben Freiraum lassen oder:
Die Kraft des Kairos

»Employee first, customer second«, lautete das erstaunliche Motto, das sich ein indisches Unternehmen gab, um zu neuen Erfolgen aufzubrechen. Erst kommt der Mitarbeiter, dann der Kunde – das ist genau das Gegenteil von dem, was meist getan wird. Und es ist ein sehr gutes Beispiel für eine selbstfürsorgliche Haltung. Denn das Unternehmen sagt damit, dass es darauf ankommt, selbst bei Kräften und bei Laune zu bleiben und sich erst dann um die Kunden zu kümmern. Und dass es zuerst darum gehen muss, sich selbst gut zu fühlen, bevor man weiter nach außen aktiv und tätig ist.

Der Erfolg gibt dem Unternehmen recht. Es hat mit dieser Formel einen kraftvollen Aufschwung geschafft, wie Matthias zur Bonsen in einem Vortrag auf dem 2018er-Kongress der Akademie Heiligenfeld berichtete. Dieser Kongress fand statt, während ich an diesem Buch arbeitete – und hätte thematisch nicht besser passen können. Im Zentrum stand nämlich Kairos. Dieser Begriff aus dem alten Griechenland bezeichnet eine Qualität von Zeit, die sich von Chronos, der fortlaufenden, »normalen« Zeit, stark unterscheidet. Kairos, das ist der besondere Moment, der beim Schopfe gepackt werden will. Versäumt man ihn, ist er vorbei. Es ist die außergewöhnliche Gelegenheit, die aus der Zeit herausgehoben scheint. Es sind die Augenblicke, in denen sich die Weichen für alles Weitere zu stellen scheinen.

Genau diese Kairos-Momente sind es, die große, tiefe Veränderungen möglich machen, im Persönlichen wie auch im Kollektiven. Viele Redner auf diesem Kongress meinten, dass wir heute mitten in einer epochalen Kairos-Phase leben – so vieles steht ökologisch, politisch, ökonomisch, menschlich auf dem Spiel und entscheidet sich in diesen Jahren. Genau das gilt auch für jeden Einzelnen, der in das Aufeinandertreffen der Kräfte eingebunden ist, darin zum Spielball, aber auch zum Gestalter seiner Wirklichkeit werden kann.

Unser Leben ist voller Kairos-Momente – und daher wissen wir nie genau, wann eine Veränderung wirklich passieren wird. Aber die Erfahrung zeigt: Sie kommt zur rechten Zeit, wenn ihr stetig der Boden bereitet wurde.

Ein bekanntes Beispiel dafür ist ein amerikanisches Sägewerk, das in der Krise war. Man wusste, dass es Veränderungen brauchte, konnte aber nicht allzu viel Geld dafür ausgeben. Schließlich wurde einem Mitarbeiter gestattet, einmal wöchentlich mit den Männern einer Abteilung eine Gesprächsrunde abzuhalten. Jeder durfte dabei reden, worüber er wollte – es ging um Ärger, um Frust, um Sex ... und immer wieder kam man auf die Situation in der Firma zurück. Diese Gespräche waren offen, wurden nicht angeleitet, von niemandem irgendwohin gelenkt, sie waren in gewisser Weise absichtslos. Und nach einigen Wochen zeigten sich plötzlich ganz leise positive Veränderungen in der Firma. Es ging aufwärts und dies umso mehr, seit auch andere Abteilungen diese wöchentlichen freien Gespräche abhielten.[12]

Mehr war nicht nötig. Es brauchte Raum zum Reden, Raum, in dem alles da sein durfte, ein offenes Miteinander, das die Dinge wie von selbst weiterbewegte. Und es brauchte Zeit für Umwege, fürs Mäandern. Als ich das hörte, fragte ich mich: Wie kann ich das für mich nutzen? Die Antwort ist einfach: indem ich mit mir selbst im Gespräch bin und bleibe. Über alles, was mich bewegt, was es auch sei. Ich darf dabei darauf vertrauen, dass es mich auf die rechte Weise weiterbewegen wird.

Kairos zu vertrauen heißt nach zur Bonsen: der Unsicherheit, dem einzigartigen Potenzial, Prozess und Fluss zu folgen, statt Ergebnisse von anderen abzuschauen und etwas nachmachen zu wollen. Sich und sein Leben in diesem Sinne kairosartig zu verändern, scheint mir sehr viel wirkungsvoller und zeitgemäßer, als es chronologisch, geplant und mit einem fixen Zielergebnis im Kopf anzugehen.

Oft unterliegen wir der Versuchung, etwas reproduzierbar machen zu wollen. Wir möchten etwas auf dem Weg erreichen, auf dem es einem anderen gelungen ist. Oder bei uns selbst: Wenn es an einem Tag auf eine bestimmte Weise gut lief, wollen wir genau diesen Tag immer wieder erleben. Das klappt aber meist nicht, so wie sich Verliebtheit nicht festhalten lässt. Es wird im eigenen Sein, im Tun und Wirken und in Beziehungen immer wieder eine neue, eine andere Qualität geben. Mit diesem beständigen Wandel zu gehen, ihn zu begrüßen und die kostbaren Momente, in denen sich etwas drehen kann, zu nutzen, das verspricht Gelingen.

Es ist unbestritten: Um die eigene Änderungsbereitschaft zu stärken, braucht es den Glauben, dass es überhaupt möglich ist, sich zu ändern. Und dass wir es wert sind, uns positiv zu verändern. Außerdem müssen wir es für wichtig genug halten, um Energie dafür bereitzustellen, um Zeit und Aufwand zu investieren. Es braucht Einsatz und die Bereitschaft, auch mal eine Durststrecke zu überwinden.

Doch bei all dem, was logisch und folgerichtig ist, sollten wir nicht der Versuchung nachgeben, allein in der Horizontalen zu bleiben – in der Zeitlinie und bei den Punkten, die wir darauf abarbeiten müssen, damit der Wandel eintritt. Trauen wir uns in die Vertikale, in den Moment. In den einzigen Punkt auf der Zeitachse, der wirklich real ist: das Jetzt. Trauen wir uns in die Gegenwärtigkeit, von der aus sich alles wandeln kann: vor allem in unserem Erleben. Dann erspüren wir den Moment in seiner ganz eigenen Qualität und ergreifen die Chance, die sich bietet.

Unsicherheit ist keine Angst

Unsicherheit gehört dazu – sie ist heute normal angesichts all der nicht mehr planbaren Faktoren im Leben und all der Vielfalt an Möglichkeiten und äußeren sowie inneren

Stimmen. Es ist eine gesunde Reaktion auf die heutige Zeit. Nathalie Knapp, ebenfalls Rednerin auf besagtem Kongress, verdanke ich die Klarheit in der Unterscheidung zwischen Unsicherheit und Angst. Denn es ist wirklich nicht das Gleiche. Und allein schon, das zu wissen, wirkt erleichternd. Während Angst lähmt und die Sinne vernebelt, heißt Unsicherheit: Ich kenne mich hier nicht aus, mir fehlt die Erfahrung, aber ich habe viele Möglichkeiten. Hat man sich diesen Unterschied bewusst gemacht, braucht man nicht in die Angst zu gehen, wenn sich Veränderungen im Leben vorbereiten. Man ist unsicher, was logisch ist, wenn man neues Terrain betritt. Und man kann vielfältig handeln.

Dem Leben lauschen

Schenke dir einen freien Abend. Gib dir frei und tu nichts weiter als zuzulassen, dass »es« sich in dir sortiert, dass alles ausklingt, was angesprochen war, dass es still wird in dir, bereit für einen Neuanfang am nächsten Tag. Gib dem Leben Raum, dir zuzuflüstern, was es dir schon lange sagen wollte.

Dem Kairos zu vertrauen setzt auch Flexibilität und die stetige Bereitschaft voraus, die Karten neu zu mischen. Wenn ich zum Beispiel Freunden von meinem neuen Arbeitszeitmodell erzählen will, lachen sie. »Schon wieder ein neues? Was war mit dem letzten? Und mit dem davor?«

Nun, sie waren toll, gut durchdacht, sehr sinnvoll. Aber ich habe sie nicht lange eingehalten. Jahrelang hat mich das gewurmt. Als Selbstständige habe ich immer versucht, einem der beiden Extreme zu entsprechen, schließlich liebe ich Klarheit: Ich wollte entweder alles durchplanen und diszipliniert einhalten – oder frei mit dem fließen, was ist, und am Ende dennoch alles schaffen, weil mein System ja weiß, worauf es ankommt. Aber – es funktionierte nicht. Weil ich beides brauche. Plan und Fluss. Ich brauche es, zu planen und beim Planen schon zu wissen, dass ich den Plan nicht einhalten werde, weil der Fluss ebenfalls sein Recht haben will. So bin ich offenbar gestrickt. Kein Entweder-oder. Ein Sowohl-als-auch. Auf diese Weise gebe ich mir Leitplanken vor und lasse dem Leben zugleich viel Raum, mich ganz anders zu leiten, als ich es mir hätte ausdenken können.

So wie ich Selbstfürsorge verstehen lernte, geht es darum, dem Leben und der eigenen Lebendigkeit so viel Raum zu lassen, dass sie auf das Beste für uns sorgen können. Das Universum hat schließlich über Jahrmilliarden der Evolution dafür gesorgt, dass alles aktuell Lebende bestmöglich am Fortleben weiterspinnt. Dass man dies angesichts der heutigen Menschheit und all ihrer Irrwege auch bezweifeln könnte, heißt nicht, dass nicht all die lebensförderlichen Kräfte ebenfalls in ihr schlummern – in jeder und jedem Einzelnen von uns. Sie dort freizuräumen, das könnte die reifste und sinnvollste Form der Selbstfürsorge sein. Und genau diesem Freiräumen widmet sich letztlich auch der Großteil dieses Buches mitsamt seinen praktischen Anregungen.

Freier Raum

Freiraum ist natürlich nicht nur in zeitlicher Hinsicht etwas Angenehmes und Wertvolles. Die vielen »Minimalisten«, die es seit einiger Zeit gibt, zeigen eindrucksvoll, dass ein Leben ohne überflüssiges Zeug neue Kraft und neue Perspektiven schenkt. Es sind Menschen, die nur mit dem leben, was unbedingt nötig ist – manche besitzen weniger als einhundert Gegenstände und einige scheinen regelrecht in einen Wettstreit geraten zu sein, wer noch weniger brauchen könnte. Minimalisten passen perfekt in unsere Zeit von Überfluss und Überdruss – als Gegenentwurf zum Üblichen, mit dem immer mehr Menschen unzufrieden sind. Sie leben in größter Einfachheit und erleben gerade dadurch Freiheit, Klarheit und Sinnhaftigkeit. Indem sie wenig besitzen, müssen sie sich um wenig kümmern, wenig arbeiten und wenig putzen und verwalten. So bleibt viel Zeit und viel innerer Raum für das, was wirklich wesentlich ist.

Ich selbst möchte kein Minimalist sein, ich habe es versucht. Keine Chance. Wir Menschen haben einfach ein völlig unterschiedliches Empfinden für Ordnung, für Räume, für viel oder wenig. Die einen sind Sammler, die anderen Wegwerfer. Doch egal, zu welchem Typus du dich zählst: Wenn du dein Umfeld so gestaltest, dass es für dich das perfekte Maß hat, ist das ein wesentlicher Teil der Selbstfürsorge. Schließlich lebst du in deinen Räumen, dort hältst du dich auf, dort öffnest und entspannst du dich und lässt die Energien der Umgebung in dich ein. Klare Räume sorgen für einen klaren Geist. Offenheit im Außen

für Offenheit innen. Das zumindest hat mir meine Aus-
mistaktion, die ich, angeregt durch einige Minimalismus-
Bücher, über Monate hinweg verfolgte, gezeigt. Ich selbst
bin eher ein Wegwerfer und Aussortierer. Aber zugleich
sind mir doch viele Dinge wichtig oder ich empfinde sie
einfach als sinnvoll. So habe ich auch nach der großen Aktion noch häufig das Gefühl, dass in meiner Wohnung zu
viel herumsteht, aber ich fühle mich wohler und freier und
ich wiederhole das Ausmisten auch regelmäßig im kleine-
ren Rahmen.

Entrümpeln

Äußerer Raum schafft inneren Raum. Nimm dir regelmäßig
deine Schränke, Regale und Zimmerecken vor und sortiere
aus, was du nicht mehr brauchst oder willst. Ob du es zum
Wertstoffhof bringst, im Internet verkaufst oder jemandem
schenkst – befreie dich von dem, was nur noch herumsteht
und Platz wegnimmt. Lass die Räume atmen – und atme dabei selbst auf.

Erleichtert wird das Aussortieren, wenn man die Dinge
nicht wegwirft, sondern weggibt: an Freunde oder Nachbarn, Flüchtlinge oder Kinderheime, zur Kleiderspende,
zu Oxfam, an Bedürftige oder – wenn sie nicht mehr hilfreich sind – zum Wertstoffhof. Dann gibst du die Sachen
mit dem Gefühl weg, dass sie nicht aus der Welt sind, denn
es ist eine Welt.

Als ich kürzlich durch einen dieser riesigen Supermärkte ging, in denen es »praktisch alles« gibt, überkam mich so ein Gefühl, wie es wohl auch manche Minimalisten haben: Das meiste, was die hier haben, werde ich niemals brauchen. Aber wenn ich mal etwas benötige. dann weiß ich, wo ich es finden kann. Sie lagern es hier für mich und halten es immer parat. Ich brauche es also nicht zu kaufen und in meine Wohnung zu stellen. Super!

Ich fühlte mich erleichtert. Ja, alles in dieser Welt wächst zusammen – von vorübergehenden Gegenströmungen abgesehen. Die Tendenz scheint mir eindeutig. Autos, Werkzeuge, Wohnungen, alles Mögliche tauschen und leihen sich die Leute heute gegenseitig. Teilweise weltweit. Es braucht nicht mehr jeder alles für sich selbst zu besitzen. So entstehen Freiräume für Wesentliches – und nebenbei oftmals nette neue Kontakte.

Die Magie des Für-sich-Seins

Wenn du mein Buch *21 Gründe, das Alleinsein zu lieben* kennst, weißt du, dass ich zum Thema des Für-sich-Seins auch hier eine ganze Menge schreiben könnte und dabei wahrscheinlich ins Schwärmen kommen würde. Tatsächlich ist der Rückzug auf sich selbst ein ganz entscheidender Faktor für ein selbstfürsorglich gelingendes Leben. Das heißt nicht unbedingt, dass du das Alleinsein lieben und ausgiebig zelebrieren musst – nein, wir Menschen sind gerade darin sehr unterschiedlich. Was wir aber alle brauchen, sind zumindest Momente, in denen wir für uns sein und zu uns kommen können. In denen wir ganz bei dem Menschen sind, dem unsere Selbstfürsorge gilt.

Vielen macht das Alleinsein Angst. Warum das so ist, möchte ich hier nur kurz anreißen: Eindeutig ist der Mensch ein soziales Wesen. Wir brauchen einander. Alleinsein löst deswegen erst einmal einen Alarm in uns aus – bei manchen sehr schnell, bei anderen braucht es länger, nur wenige sind frei davon. Dazu kommt, dass wir meist keinen positiven Umgang damit gelernt haben. Wir wissen also, wenn es passiert, nicht, was jetzt hilfreich sein könnte. Und nicht zuletzt gelten eine glückliche Beziehung und viele Freunde als Ideal im Leben – wenn man gerade das nicht hat, kann es wehtun. Es scheint unseren Wert zu mindern und wir empfinden dann möglicherweise eine gewisse Scham vor den anderen, die tatsächlich oder nur scheinbar besser eingebunden sind.

An diesen Punkten lässt sich natürlich vielfältig ansetzen, um sich das Alleinsein zu erschließen, seine schönen Seiten zu entdecken und selbstfürsorglich zu nutzen. All das habe ich im gerade erwähnten Buch ausführlich beschrieben. Es hätte auch heißen können: »Damit aus Alleinsein keine Einsamkeit wird«, denn hier beginnt es bereits: mit einem differenzierten Blick auf ein Phänomen, das ganz natürlich zum Menschsein gehört. Alleinsein ist nicht das Gleiche wie Einsamkeit und es ist etwas, was in ganz individueller Dosis für die Selbstfürsorge unerlässlich ist. Seine Schätze erschließen sich manchen Menschen leichter als anderen. Wenn das Leben uns eine Phase des vermehrten Alleinseins beschert, dann macht es uns ein Geschenk, das wir mehr oder weniger begeistert auspacken dürfen. Zu einer positiven Erfahrung wird es, wenn wir es annehmen. »Wenn wir nicht mehr vorm Alleinsein weglaufen, sondern unseren Mut zusammennehmen, uns umdrehen und ihm ins Gesicht schauen. Vielleicht merken wir dann, dass es uns freundlich zunickt. Dass es uns anlächelt und uns einlädt, sich ihm anzuvertrauen und dabei über uns hinauszuwachsen. Hinein in unsere wahre Stärke.«[13]

Was ist so wertvoll am Für-sich-Sein?

Im Alleinsein fällt eine gewisse soziale Kontrolle weg, du kannst voll und ganz so sein, wie du bist. Das kannst du natürlich immer, aber allein trauen es sich die meisten sehr viel eher oder tun es einfach automatisch. Es ist erleichternd, einfach so zu sein, wie du gerade bist – und es lädt dich ein, dich genauer kennenzulernen und die Wege zu finden, wie du dich am besten gesund und freudig, entspannt und erfüllt hältst. In Zeiten allein kannst du tun, wonach dir wirklich ist, ob an einem alleinigen Nachmittag oder in einer Lebensphase, die du ohne Partner oder allgemein etwas mehr zurückgezogen verbringst. Du beginnst den Freiraum, der ohne die Anwesenheit anderer entsteht, kreativ für das zu nutzen, was dir wichtig ist und am Herzen liegt.

Es ist mehr Zeit da, wenn du allein bist, Zeit, in der du dich natürlich auch gut um dich kümmern kannst, weil weniger andere Verpflichtungen oder Versuchungen an deine Tür klopfen. Es ist Zeit, in der du auch einfach nur runterkommen, all die inneren Programme abschalten und Herz und Hirn die Chance geben kannst, die Reize der letzten Zeit zu verarbeiten. Das führt wie schon beschrieben zu neuer Kraft. So lädst du deine Batterien im zeitweisen, bewusst zelebrierten Alleinsein gut wieder auf – einfach weil du weniger Reize an dich heranlässt, die Verarbeitungskapazität bräuchten.

Die Kreativität ist ein weiterer Faktor, der sich über Zeiten, die du allein verbringst, freut. Außerdem laden sie dich zu mehr Flexibilität ein: Du hast allein die Gelegenheit, tiefer über das nachzusinnen, was in der kommenden Zeit oder gar der ganzen Lebensphase wirklich ansteht und dir als Mensch (nicht als Partnerin, Mutter, Sohn, Geliebtem, Angestellter …) wichtig ist.

Zweifellos ist Alleinsein nicht immer leicht. Doch genau darin liegt eine weitere Chance: die auf Wachstum und Weiterentwicklung. Wer intensiver oder längere Zeit allein ist, muss oft über sich hinauswachsen, weil er eben niemanden automatisch zur Unterstützung hat. Das gibt Selbstvertrauen und lässt das Gefühl der Selbstwirksamkeit wachsen – unvergleichlich wertvoll für ein gelingendes Leben. So weißt du, dass du »es« hinbekommen kannst. Es gibt amerikanische Studien, die hervorheben, dass geübte Singles sehr viel selbstständiger und auch selbstwirksamer sind als andere. Sie haben gelernt, mit den unterschiedlichsten Herausforderungen allein zurechtzukommen – und das verleiht nicht zuletzt eine innere Zufriedenheit. Man lernt, wie sehr man sich auf sich verlassen kann – das ist enorm wertvoll.

Was mir nicht zuletzt die vielen, wunderschönen Feedbacks zu meinem Alleinsein-Buch bestätigt haben: Wer sich darin übt – ob das anfangs freiwillig geschieht oder erzwungenermaßen –, der wird unabhängiger und reifer. Und das ist wie nebenbei auch die allerbeste Basis für Beziehungen: ob zu einem Partner, zu Freunden, Kollegen und Nachbarn, ob zu Tieren, der Natur, zu Kulturgütern wie einem Gedicht oder einem Bauwerk, zu den geistigen Sphären oder zum Leben an sich.

Dich selbst erleben

Ich werde oft gefragt, wie man das Alleinsein denn lernen könne. Denn all diese schönen Vorteile nur wegen ein paar Ängsten oder schlichtweg dem Gefühl, damit nicht vertraut zu sein, ungenutzt zu lassen, wäre zu schade. Man vergibt sich eine Menge, wenn man zeitlebens vor dem Alleinsein wegläuft. Es ist letztlich ein Weglaufen vor sich selbst: vor dem Menschen, mit dem man im Alleinsein zusammen ist. Was also tun?

Zum einen ist es sehr hilfreich, wenn du dir die Bewertungen ansiehst, die du zum Thema Alleinsein im Kopf hast. Bei sehr vielen Menschen hat es nach wie vor einen unangenehmen Beigeschmack – und zu erkennen, dass Alleinsein sehr viel besser ist als sein Ruf, kann der erste Schritt sein, es anzunehmen. Es überhaupt erst einmal ernsthaft und offen, mit Interesse und Neugierde anzuschauen. Da tut es gut, sich über Zeitschriften, Bücher oder Artikel im Internet Beispiele von Menschen anzuschauen, die das Alleinsein schätzen gelernt haben. Das gibt dir das Gefühl, mit dem Phänomen nicht die oder der Einzige zu sein, es zeigt, dass du allein in bester Gesellschaft bist. Und es regt dich an, ebenfalls positiv und kreativ damit umzugehen und die Zeit für dich zu nutzen.

Viele halten es schwer aus, auch nur mal einen Abend ganz ohne andere zu sein. Wenn du das von dir kennst und es lernen willst, rate ich dir zu wohldosiertem bewusstem Erleben:

Alleinsein, wohldosiert

Setz dir eine Zeitspanne, in der du zur Forscherin, zum Forscher wirst. Vielleicht sind es anfangs nur fünf Minuten, in denen du dich nicht ablenkst, nicht jammerst, niemanden anrufst, sondern ganz für dich bist, zu dir kommst und schaust: »Was passiert eigentlich genau? Was fühle ich? Was macht mir Angst? Was genau ist los?«

So kannst du dich nach und nach desensibilisieren. Wiederhole diese Übung aller paar Tage und sieh, was sich verändert. Später gestaltest du dir vielleicht einmal bewusst ein Date mit dir selbst oder fährst für ein Wochenende allein weg, um dich und dein Leben zu feiern.

Alleinsein heißt ja nichts anderes, als dass du mit dir selbst bist, ohne jemand anderen. Du bist dabei vor allem allein mit deinen eigenen Gedanken, die in dir Stress oder Freude auslösen können. Mehr ist es letztlich nicht. Die Gedanken aber kannst du beeinflussen und das verändert auch die Gefühle (mehr dazu im Kapitel »Vertrauen«).

Tür zu!

Mit Für-sich-Sein meine ich nicht, mit dem Smartphone oder dem Tablet und Kopfhörern im Ohr aus der physischen Realität zu entschwinden. Das ist nämlich ebenso ein Wegtauchen aus dem eigenen Sein. Wir erleben uns selbst dabei nicht mehr. Im positiven Sinne nennen wir das Selbstvergessenheit und zeitweise kann das gut und schön und sinnvoll sein. Im Für-uns-Sein jedoch sind wir bewusst und mit wachen Sinnen bei uns, wir bemerken, was in uns vorgeht, und können uns darum kümmern. Es ist so, wie wir ein Kind oder eine Freundin wahrnehmen und befragen oder ihnen einfach zuhören, wenn wir mit ihnen sein oder ihnen etwas Gutes tun wollen.

Mal ohne Medien und Ablenkungen zu sein, ist heutzutage eine große Herausforderung. Dass es wertvoll ist, zeigen die vielen Digital-Detox-Seminare, die heute weltweit angeboten werden. Dort lernen die Menschen das, was jahrtausendelang für unsere Spezies völlig normal war: einfach mit dem sein, was in der Realität geboten ist, und es sinnlich zu erfahren. Sie lernen, wieder Boden unter den Füßen zu spüren und bei sich selbst anzukommen: dort, wo alles Leben beginnt und gestaltet wird.

Digital Detox

Setz dir wieder eine Zeitspanne und sei einfach mal ohne elektronische Geräte. Ob das eine Stunde ist oder ein ganzes Wochenende, kann sich danach richten, wie nötig du eine Zeit offline hast und wie abhängig du bereits geworden bist. Sorge in dieser Zeit am besten für ein sinnliches Alternativprogramm: Buch dir eine Massage, geh mit einer Freundin spazieren, geh tanzen oder zu einem bewussten Spaziergang in die Natur hinaus. Die Gerätschaften lass am besten komplett zu Hause und ausgeschaltet. Wenn du ganz sicher sein willst, gib sie bei einem Freund oder Nachbarn zur Verwahrung ab.

Wie eine körperliche Fastenkur wird sich auch diese »Entgiftung« – zumindest anfangs – nicht unbedingt super anfühlen. Doch wenn du dranbleibst und dich auf die sinnlichen Erlebnisse fokussiert und darauf, dich selbst nach und nach wiederzufinden, dann wird sie dich angenehm belohnen.

Interessanterweise richtet sich die Empfehlung des Digital Detox umso mehr an Singles und Alleinlebende. Denn gerade wenn man allein lebt, muss man bewusst dafür sorgen, regelmäßig die Tür zu schließen, um ganz für sich sein und wieder »zu sich« kommen zu können. Oft sind Alleinlebende nämlich dauerhaft gedanklich bei den anderen – eben weil diese nicht selbstverständlich verfügbar und sicher für sie da sind. Die nährende »Familie«, das ist man sich als Alleiniger vor allem erst einmal selbst. Und wenn man nicht bei sich ist, dann ist es niemand.

Und wie steht es um die Hintertür?

Viele Menschen – unabhängig davon, ob sie Single sind oder nicht – haben ein Leck in ihrem System, durch das ständig Energie entweicht, einfach deshalb, weil sie bewusst oder unbewusst auf etwas warten: auf etwas Besseres, auf das »echte« Leben, das noch kommen muss – in Gestalt des Märchenprinzen, des Superjobs, des Lottogewinns, des Wunschkindes, des Berühmtseins oder was auch immer es sein mag. Es lohnt sich, gelegentlich nachzuprüfen, wie weit man selbst davon betroffen ist. Als ich das eines Tages tat, wurde mir bewusst: Leben ist das, was gerade passiert. Mehr ist da nicht.

Auf den ersten oberflächlichen Blick mag das wenig oder klein sein. Doch im tieferen Spüren ist es reich, tief, unendlich. Allein dieser Moment – ein Wunder. Du sitzt auf diesem kleinen blauen Planeten, der sich durch die Weiten des Alles bewegt. Du bist hier mit Milliarden anderer Wesen, die genau den aktuellen Zustand der Evolution zeigen. Vor ein paar Jahrmillionen sah es völlig anders aus und in ein paar Jahrmillionen wird es auch wieder ganz anders sein. Ein paar Jährchen bist du nun in dieser Gestalt hier auf deinem Weg, mit allem Schönen und Herausfordernden, was dazugehört. Warum sollte es anders sein? Könnte es überhaupt anders sein?

Ich finde dieses Wissen sehr erleichternd, dass das, was jetzt da ist, mein Leben ist. Nicht das, was (vielleicht) morgen kommt oder was ich (möglicherweise) in fünf Jahren erlebe, wenn dies und das geschafft oder »manifestiert« wurde. Mein Leben, es ist schon da, und ich beginne mit dieser Erkenntnis, es voll und ganz zu erfahren, zu erforschen und zu genießen. Wandeln wird es sich von allein. Und je freudvoller meine Stimmung jetzt ist, umso freudvoller blicke ich auch nach vorn.

Sei für dich

Es beginnt stets bei uns selbst – darauf läuft es auch in diesem Buch immer und immer wieder hinaus. Ein wesentliches Geheimnis der Selbstfürsorge lautet daher: Gib dir selbst, was du bekommen willst.

Du willst umsorgt sein? Dann umsorge dich. Geh so mit dir um, wie du es dir von anderen wünschst. Warte nicht, dass sie es tun, und jammere nicht, wenn sie es nicht tun, sondern tu es selbst. Bald möchtest du auch mit anderen so fürsorglich umgehen – und sie mit dir. Du erhältst alles, was du willst, und noch mehr. Du fühlst dich wohler mit dir, mit anderen, und sie sich mit dir. Ein Mensch, der gut für sich sorgt, ist angenehm. Denn er ist nicht bedürftig, auch nicht nach Aufmerksamkeit von außen. Er zerrt nicht an den anderen. Er ist bei sich und bereits genährt.

Du verlierst unnötig Energie, wenn du von anderen verlangst, dass sie für dein Glück und dein Wohl sorgen – vom Partner, von Freunden, erwachsenen Kindern, dem Chef, dem Staat … Es ist nicht deren Angelegenheit. Wenn sie für dich da sind, wunderbar. Wenn nicht, auch gut. Als erwachsener Mensch bist du derjenige, der für dich zuständig ist. Diese Aufgabe anzunehmen, setzt Energie frei und weckt die Kreativität in dir.

Erst mal erleben

Probier einmal aus, etwas Schönes nicht gleich dem ersten Impuls folgend mit anderen zu teilen, es nicht gleich zu fotografieren, zu erzählen, zu textnachrichten oder zu twittern. Nimm es lieber erst einmal ganz tief und still für dich wahr, erlebe es, erfahre es. Nimm es als Energie, als Schatz in dich auf. Nähre dich damit.

Verfahre später ebenso mit schwierigen Dingen: Erlebe dich mit ihnen, spüre, was geschieht, erlaube dir, damit zu sein und in dir Wege zu entdecken, damit gut umzugehen. Bald kannst du erfahren, wie reich dich auch das macht. Du vermehrst in dir Selbstwirksamkeit und Selbstsicherheit.

Wenn du dich selbst genießen kannst, dann gibt es schon mal sicher einen Menschen, der deine Gesellschaft schätzt und mag. Das ist die allerbeste Basis für die Selbstfürsorge. Denn so bist du dir nah und erfährst aus erster Hand, was du willst und brauchst und wie du dich unterstützen kannst. Alles, was dann noch von anderen kommt, ist eine Zugabe. Und sie wird umso reichhaltiger sein, je mehr du dich selbst annimmst und liebst.

Auch in Paarbeziehungen ist jeder für sich selbst und nicht für den anderen verantwortlich. Paartherapeuten wissen nur zu gut, dass es genau hier oft zu Missverständnissen kommt. Beim Lesen beispielsweise der Bücher des amerikanischen Sexualforschers und Paartherapeuten David Schnarch wird das deutlich: Das Gelingen einer Paarbeziehung, in der auch die Leidenschaft lebendig bleibt, hängt davon ab, dass jeder der beiden Beteiligten bei sich ist und sich um seine eigene Balance kümmert – unentwegt und selbstständig. Wenn Schnarch mit Lebenspartnern arbeitet, bei denen das sexuelle Verlangen nicht mehr zusammenpasst oder die über andere Schwierigkeiten im Miteinander klagen, legt er ihnen nahe, die »Vier Aspekte der Balance« zu entwickeln – und zwar jede/r für sich. Diese vier Aspekte sind:

- ein stabiles und flexibles Selbst
- ein stiller Geist und ein ruhiges Herz
- maßvolles Reagieren
- sinnvolle Beharrlichkeit.[14]

Ist die Balance hergestellt, funktioniert es miteinander wieder. Es beginnt bei uns. Wir brauchen die Selbstfürsorge – denn nichts anderes steckt letztlich hinter Schnarchs vier Punkten –, nicht nur in einer Partnerschaft. Wir brauchen sie überall im Leben.

Das Innenleben kultivieren

Es können im Außen noch so tolle Dinge geschehen – haben wir unser Innenleben nicht gepflegt, verpufft all das Wunderbare und wir brauchen schnell den nächsten Reiz. So natürlich es für uns zunächst ist, unser Glück im Außen zu suchen, so naheliegend ist es auch, Selbstfürsorge dem eigenen »Außen« angedeihen zu lassen, sich körperlich zu pflegen und zu heilen, immer wieder neu zu beleben und fit zu halten. Doch das eigene »Innere« braucht mindestens ebenso viel Aufmerksamkeit, wenn es uns gut gehen soll. Genau darauf liegt mein Schwerpunkt in diesem Buch, wie du sicher schon bemerkt hast. Und zu diesem Innenleben gehören nicht nur Stimmungen und Gedankenwelten, sondern auch vielfältige Persönlichkeitsanteile (um das innere Kind zum Beispiel wird es beim Geheimnis der Stimmigkeit noch gehen).

Beim Schreiben fiel mir etwas Seltsames auf: Als ich mich in meinem letzten langen Buchprozess intensiv mit dem Alleinsein auseinandersetzte, hatte ich ein Gegenüber, nämlich das Alleinsein. Ich konnte es irgendwie wahrnehmen, als Phänomen, als geistige Einheit, als etwas, zu dem Menschen schon oft gesprochen hatten – so im Sinne von »Oh, Einsamkeit …« (auch wenn ich Einsamkeit nicht mit Alleinsein gleichsetze). Nun aber die Selbstfürsorge. Damit war ich ganz auf mich zurückgeworfen. Da gab es kein Gegenüber, kein »anderes«, das ich ansprechen und erspüren konnte. So jedenfalls empfand ich es lange.

Doch dann merkte ich, dass ich auch die Selbstfürsorge als eine Art Wesen erspüren konnte: als einen inneren Anteil von mir selbst, der sich mit einer mal eher mütterlichen und mal eher väterlichen Energie um mich kümmerte. Ja, ich konnte diesen Anteil aktivieren – und damit wurde die Selbstfürsorge immer mehr ein Teil meines Daseins. Vielleicht geht es hauptsächlich darum, diesen Teil in sich zu aktivieren, ins innere Team einzuladen und ihm dort einen wichtigen Sitz zu geben. Wenn du das visuell und emotional erfahrbar tun willst, dann eignet sich die folgende Anregung.

Selbstfürsorge
von ganz tief innen

Nimm dir etwa eine halbe Stunde Zeit und mach es dir im Sitzen oder Liegen gemütlich. Vielleicht willst du dir die Hände auf den Bauch oder das Herz legen oder deine Schultern umarmen. Atme ein paarmal ruhig ein und aus und komm in Ruhe bei dir selbst an.

Schließ nun die Augen und frage in dich hinein: »Gibt es jemanden in mir, der mir bei meiner Selbstfürsorge hilft?« Warte ab, was sich zeigt. Lausche nach innen, warte auf mögliche Bilder oder Gedanken. Vielleicht bemerkst du ein Wesen in menschlicher oder tierischer oder anderer Gestalt. Wie sieht es aus? Welche Empfindungen löst es in dir aus? Magst du es, oder vielleicht auch nicht?

Versuche, mit diesem Wesen in ein Gespräch zu kommen. Begrüße es, danke ihm für sein Auftauchen und besprich mit ihm, was dich an der Selbstfürsorge interessiert oder wurmt. Frage es, was es für dich tun kann und wie du es dabei besser unterstützen könntest. Möglicherweise wird dir dabei schon deutlich, warum es manchmal mit dem Gut-für-dich-Sorgen klappt und oftmals aber auch klemmt. Findet ihr gemeinsam einen guten, neuen Weg?

Wenn du dich ausreichend mit diesem Wesen in dir ausgetauscht und bestenfalls auch angefreundet hast, bedanke dich für seine Unterstützung. Du kannst im Alltag jederzeit mit ihm Kontakt aufnehmen. Lass dir dafür am besten noch ein Codewort oder eine Geste oder irgendetwas anderes geben, das du überall nutzen kannst. Wenn du den Kontakt regelmäßig pflegst, wird das deine Selbstfürsorge sehr befördern.

Verabschiede dich am Ende von deinem inneren Wesen der Selbstfürsorglichkeit und beginne, deinen Körper zu rekeln und zu strecken, um wieder ganz in deinem Alltagsraum anzukommen. Wenn du willst, mach dir ein paar Notizen zum Erlebten und zu eventuellen Abmachungen.

Ob du das Wesen, das du mit dieser meditativen Übung kennengelernt hast, als ein Krafttier, einen geistigen Lehrer oder einen inneren Persönlichkeitsanteil ansiehst, spielt letztlich keine Rolle. Es wäre nur Theorie, die stimmen kann oder auch nicht. Wichtig ist, eine spürbare Unterstützung auf dem Weg der Selbstliebe zu haben. Und die wohnt in jeder und jedem von uns und wartet nur darauf, endlich beachtet und als Freund angenommen zu werden.

Stille:
Nichts ... und alles

Ich stieg aus dem Auto, um den Ausblick von hier oben zu genießen, schlug die Tür des Wagens zu – und plötzlich spürte ich sie: eine überwältigende Stille. Es rauschte in meinen Ohren, als ob sie erstaunt wären, gar nichts zu hören. Wirklich gar nichts. Absolute Stille. Augenblicklich hielt ich inne und war vollkommen präsent. Ich nahm meine Umgebung ganz klar wahr, den immer größer werdenden Raum um mich. Und auch mich selbst erfuhr ich als Teil dieses Raumes – weit und durchströmt von prickelnder Lebendigkeit.

Stille ist eine der kostbarsten Erfahrungen. Und das nicht nur, weil sie in unserer lauten Welt recht selten geworden zu sein scheint. Sie ist so wertvoll, weil sie uns augenblicklich mit dem Moment verbindet, mit dem Jetzt, in dem alle Kraft, alles Potenzial ruht. In der Stille atmen sämtliche Zellen auf, kommt das Aufgewühlte zur Ruhe und wir docken an die Essenz des Seins an. Was könnte kraftvoller, wahrer – und selbstfürsorglicher – sein?

Für mich war die Stille an diesem Tag in den Bergen von La Palma überwältigend schön, doch wir müssen nicht erst auf einen Berg klettern und auch nicht in ein Kloster gehen, um die Stille zu erfahren. Denn sie ist überall. Sie wartet hinter allen Geräuschen darauf, von uns wahrgenommen zu werden. Jeder Ton, jeder Klang kommt aus der Stille und verschwindet wieder in ihr. Sie ist so elementar, dass sie alles Lebendige umgibt und durchdringt. Und sie tut unendlich gut, da sie – wie viele spirituelle Lehrer betonen – unsere wahre Natur ist.

Der Stille lauschen

Wann immer es dir einfällt, wo auch immer du gerade bist – werde still und lenke deine Aufmerksamkeit ganz auf die Stille, die in deinem Körper ist. Sei vollkommen gegenwärtig mit allen deinen Sinnen.

Vielleicht spürst du die Stille nach einer Weile auch in der Welt um dich herum, etwa in einem Baum oder einem Blumenstrauß. Das kann unabhängig davon sein, ob Geräusche da sind oder nicht. Tauche für ein paar Sekunden ganz in das Erleben dieser Stille ein. Lausche auf sie, lass sie in allen deinen Zellen spürbar werden. Lass zu, dass du weit wirst, dass in dir Raum entsteht – Spielraum für Möglichkeiten.

Um selbstfürsorglich sein zu können, müssen wir uns wie schon erwähnt selbst erst einmal wahrnehmen. Das braucht eine gewisse innere Stille. Ein Innehalten ist daher die allerbeste Aktion – wann immer es uns einfällt. Ob mitten im Alltag beim Arbeiten, Einkaufen oder S-Bahn-Fahren. Oder auch ganz bewusst, bevor wir etwas Aktives beginnen oder uns in irgendeiner Weise um uns selbst kümmern. Erst wenn wir wirklich da sind, bei uns angekommen, können wir selbstfürsorglich sein. Aus der Stille heraus wird zudem jedes Handeln und auch das bloße Sein kraftvoller und wirkungsvoller. Es ist, als käme zu unserer eigenen Kraft und Klugheit noch eine weit größere Intelligenz hinzu, wie es Eckhart Tolle an vielen Stellen beschreibt – und wie du es auch selbst erfahren kannst, indem du vor einer Handlung für ein paar Momente in die Stille gehst.

Auch die Stille ist eine Möglichkeit, dem Leben Raum zu lassen und das eigene Eingewobensein ins große Ganze zu spüren. Das lässt die eigenen Pläne und Ziele kleiner und weniger wichtig erscheinen, verleiht zugleich aber auch mehr Zuversicht und Freude, sie umzusetzen.

Das Wahrnehmen der Stille ist ein Weg, das Außergewöhnliche im scheinbar ganz Normalen zu erfahren. Wenn du das Besondere in allem erkennen kannst, was dir begegnet, sind deiner Begeisterung keine Grenzen gesetzt. Jeder Moment ist dann voller Zauber, jedes Glas Wasser, jedes Blatt am Baum etwas Außergewöhnliches, etwas, das dich staunen macht – einfach, weil du genau hinschaust. Du lebst dann in einer Welt voller Wunder.

Ein guter Schlüssel: dein Atem

Der Atem gilt seit uralten Zeiten als Tor zur Stille, zur Lebenskraft, zum wahren Sein. Alle spirituellen Traditionen kennen die Praxis, den Atem gezielt zu beeinflussen und zu nutzen, um sich seine tiefe Kraft zu erschließen.

Und wir in unserem Alltag? Wir hetzen unseren Terminen hinterher, arbeiten atemlos unsere To-do-Listen ab und hoffen hechelnd auf eine bessere Zukunft. Es scheint so, als hätten wir keine Zeit zum Atmen. Bei mir konnte ich das irgendwann sehr klar feststellen. Ich war über längere Zeit so schnell unterwegs gewesen – getrieben von den Aufgaben und immer mehr und immer spannenderen Aufträgen, Begegnungen, Herausforderungen –, dass ich mir unbewusst das Atmen abgewöhnte. Es kostet Zeit, tief einzuatmen, die Luft wirklich in alle Teile der Lunge strömen und wieder herausfließen zu lassen. Zeit, die ich meinte, nicht zu haben. Als ich dann aktiv mehr Entspannung in mein Leben holen wollte, stellte ich fest: Ich weiß nicht recht, wie Atmen geht. Ich spürte Atemnot und bekam die Lunge einfach nicht voll. Erst bewusstes, ruhiges Üben half mir aus dieser absurden Situation heraus. Ich lernte neu, meine Lunge langsam zu füllen – sie sich füllen zu lassen.

Und siehe da, bald konnte ich es auch während eines Gesprächs, auf dem Zahnarztstuhl oder am Schreibtisch immer öfter zulassen, dass sich die Lunge die Luft nimmt, die der Körper gerade braucht – und ich war insgesamt viel weniger erschöpft. Mit jedem tiefen Atemzug war ich bei mir. Was ich auch tat, ein achtsames Einatmen zog den Fokus zurück auf mich, ohne dass ich das Außen verlor.

Drei tiefe Atemzüge

Es ist so simpel wie wirksam: Nimm zwischendurch immer mal wieder drei bewusste Atemzüge. Einatmen ... Ausatmen ... Einatmen ... Ausatmen ... Einatmen ... Ausatmen. Wenn du wirklich eintauchst, wird dir diese Minipause sehr lang vorkommen – oder eher zeitlos – und dir sehr viel Kraft geben können. Sie offenbart dir auch die Stille, wenn du es zulässt.

Tu es, wann immer du daran denkst, oder stell dir einen Wecker oder eine Meditations-App so ein, dass sie dich regelmäßig daran erinnert. Beobachte über ein paar Tage (vielleicht sogar begeistert?), was sich verändert.

Ob es ums Essen, um den Tagesrhythmus, das Bedürfnis nach Alleinsein oder was auch immer geht – für mich ist immer wichtiger geworden, dass es bei fast allem unterschiedliche Typen gibt und Patentrezepte für alle daher wenig fruchtbar sind. So auch beim Atmen: Soweit ich das bisher erfahren und nachlesen konnte, gibt es nämlich

Einatmer und Ausatmer. Die Einatmer gewinnen Kraft, wenn sie wirklich tief, bewusst und lang einatmen. Die Ausatmer hingegen betonen natürlicherweise das Ausatmen und stärken sich genau damit. Eine ganze Philosophie rankt sich um diese Unterteilung. So sind die Einatmer die, die die Welt eher aufnehmen und erfahren wollen, während die Ausatmer sie aktiv gestalten und beeinflussen möchten.

Es kann sehr hilfreich sein, herauszufinden, welcher Typ du – nicht nur beim Atmen – bist. Ich habe lange versucht, durch aktives bewusstes Ausatmen (alle Spannung raus) zu mehr Kraft zu kommen. Erst als ich aber anfing, bewusst ruhiger und länger einzuatmen, konnte es wirklich gelingen.[15] Und mit der Tiefe des Atmens wuchs auch die Fähigkeit zur Stille wieder in mir.

Stimmigkeit

Meine liebste Definition von Selbstfürsorge ist: herausfinden und umsetzen, wie dieses Wesen, das ich bin, am besten leben kann und am liebsten leben möchte. Um glücklich und erfüllt zu sein und aus dem Vollen zu schöpfen, ist es nötig, das zu leben, was individuell zu uns passt. Es braucht die Stimmigkeit zwischen dem, was wir wollen, und dem, was ist. Es braucht eine möglichst große Kongruenz zwischen dem, was in uns ruft, und dem, worauf wir hören.

Ganz Mensch sein

Ist es überhaupt möglich, gut für sich zu sorgen in einer Welt, in der es zunehmend um Effizienz und Leistung, um Fortschritt und Besitzanhäufung geht, in der schon Kinder zu High-Performern gemacht werden und viele Erwachsene ihre Familien nur mit mehreren Jobs über Wasser halten können?

»Es gibt kein richtiges Leben im falschen.« Dieser Satz von Theodor W. Adorno ist erschreckend – und erschreckend wahr. Es gibt kein richtiges Leben in einer Welt, in der die Natur, unsere Lebensgrundlage, zerstört wird und der Mensch oft kaum mehr ist als ein »Verbraucher« und eine Nummer in der Datenbank. Es gibt kein richtiges Leben, in dem man Teil von kranken Entwicklungen ist und sie tagtäglich mit vorantreibt, ob man will oder nicht.

Und doch hat es keinen Sinn, dabei stehen zu bleiben. Wenn sich erst die ganze Welt ändern muss, damit wir glücklich oder zumindest »richtig« leben können, dann haben wir verloren. Dann gibt es keine Chance auf ein gutes Leben.

»The only way out is the way in«, sagt die spirituelle Lehrerin Byron Katie. Der Weg nach innen ist der Weg des Aufwachens aus allen Illusionen, und er ist es, der alles verändert. Dieser »Ausweg nach innen« kann nur von jedem Menschen für sich gegangen werden. Tag für Tag, immer neu. Es ist ein Weg, der nicht zu begründen oder zu erklären ist – doch es ist einer, der zum Empfinden des »richtigen Lebens« führen kann. Auf die Methode, die Byron Katie dafür empfiehlt, werden wir später noch kommen: The Work, für mich persönlich der effektivste Ausweg nach innen. Und es gibt viele andere, weshalb es nur darum gehen kann, die für einen selbst stimmigen Möglichkeiten zu nutzen und dranzubleiben – weil es Freude macht und das Herz schon beim ersten Schritt erleichtert. Menschen mit einer spirituellen Orientierung tun sich aus meiner Erfahrung wirklich leichter, erfüllt zu sein, bei allem Auf und Ab auch in ihrem Leben. Sie kennen Ebenen über dem Alltäglichen, die sie herausheben aus den scheinbar unlösbaren Verstrickungen.

Für wen sorgst du eigentlich bei der Selbstfürsorge?

Es ist gut zu wissen, für wen man bestmöglich sorgen will, um ihm genau das Passende geben zu können. Doch es ist nicht so leicht zu sagen, wer man selbst ist. Und für wen man selbstfürsorglich da sein will: für den Körper, der vielleicht gerade Ruhe und ein paar Streicheleinheiten möchte; für den Verstand, der die Arbeit noch zu Ende bringen will; für die Seele, die aus dem dauerbetriebsamen Leben aussteigen und etwas völlig anderes machen will?

Und dann sind da noch die zahllosen inneren Anteile – innerer Vater, innere Mutter, inneres Kind, innere Geliebte, innerer Aggressor, innerer Faulpelz und wer da nicht noch alles mitbestimmt, was wir so den Tag über treiben.

Erschwerend kommt außerdem hinzu, dass uns unsere Zeit manchmal das Gefühl eines Schmalspurlebens gibt. Wir vernachlässigen kollektiv zunehmend so viele Qualitäten des Menschseins und des Lebendigseins zugunsten von materiellem Erfolg und oberflächlicher Beliebtheit. Da kann es einem einzelnen Menschen schwerfallen, sich auf seine Individualität zu besinnen oder zutiefst menschliche Qualitäten wie Mitgefühl, Großzügigkeit, innere Weite oder auch nur Freundlichkeit zu kultivieren.

Unsere Zeit ist aber zugleich auch außergewöhnlich in ihren Chancen. Könnte es daher nicht sein, dass wir auch mit außergewöhnlichen Aufgaben hierhergekommen sind? Einfach so weiter, das kann es längst nicht mehr sein. Es braucht mehr denn je Menschen, die Neues wagen – konstruktiv und mit einem großen Ja zum Leben.

Wohin sich unsere Lebensreise bewegt, hängt sehr stark davon ab, worauf wir uns ausrichten und welchen Werten wir folgen. Ich hatte den Tiger schon erwähnt, den wir in uns füttern. Dieses Bild stammt aus einer alten Weisheitsgeschichte Asiens: Ein Junge erzählt darin seinem Großvater, dass er so oft wütend wird und dann Dinge tut und sagt, die er später bereut und peinlich findet. Der Großvater, ein weiser, friedvoller Mann, antwortet, dass er das auch sehr gut von früher kenne: »Es war, als hätte ich einen gütigen und einen aggressiven Tiger in mir.« Der Junge horcht auf: »Ja, genau. So ist das bei mir auch! Aber wie hast du es geschafft, so ein liebevoller Mensch zu werden?« Der Großvater lächelt: »Nun ja, ich habe stets nur den freundlichen, offenen, gütigen Tiger gefüttert.«

Wir alle haben diese zwei – und sicher noch viel mehr – »Tiger« in uns. Doch welchen füttern wir regelmäßig? Welchen nährst du?

Was für ein Mensch willst du sein?

Stell dir in einem ruhigen Moment einmal die Frage: »Was für ein Mensch möchte ich sein? Welche Werte, welche Qualitäten sind mir die wesentlichen? Worauf möchte ich mein Leben ausrichten? Was passt zu dem Grundlebensgefühl, um das es mir geht?«

Lass dir Zeit, die Antworten darauf zu erspüren. Vielleicht dauert es auch ein paar Tage lang – und verändert sich über die Zeit weiter.

Erinnerst du dich an die 3:1-Regel aus dem Kapitel zur Begeisterung? Auch sie zeigt, dass das Leben die Richtung nimmt, die wir ihm geben. Schauen wir auf das, was wir wollen, zieht es uns dorthin. Schauen wir auf das, was wir ablehnen, schlecht finden, kritisieren, zieht es uns dorthin. Wohin du dich bewegen willst, kannst nur du allein wissen. Wenn du es dir nicht bewusst machst, zieht dich das an, was in deinem Unterbewusstsein am stärksten ist.

Die Qualitäten, auf die wir uns bewusst ausrichten – ob es Liebe ist, Größe, Ruhe, Verständnis, Hingabe, Unterstützung für andere, Schönheit –, sie sind wie die Basis, auf der dann unser alltägliches Handeln ruht. Sie bestimmen alle dort nötigen Entscheidungen. So gestaltet sich das Leben stimmig in der Weise, die zu uns passt.

Es braucht eine Zeit, sich diese Qualitäten bewusst zu machen – und sich zu trauen, sich wirklich darauf auszurichten. Denn vielleicht stimmen sie gar nicht mit dem überein, was du im Alltag derzeit lebst. Schauen wir uns dazu zwei Beispiele an.

Der freundliche Tiger Ruhe

Wenn Ruhe die Qualität deiner Wahl ist, aber du zu Hause und im Job nur Hektik erlebst, dann ist die Ausrichtung auf die Ruhe, wann immer sie durchschimmert, das, was sie allmählich stärker etablieren wird, egal ob das kleine Ruhemomente sind – im Fahrstuhl, auf der Toilette des Büros oder vor jeder Mahlzeit – oder eine echte Auszeit und Rückzugszeit von einigen Tagen oder Wochen.

Der Körper hat seine Rhythmen und es ist klug, sie zu achten. Unsere Gesellschaft ist in vielem »aus dem Rhythmus« geraten, doch als Einzelne haben wir keine andere Wahl, als uns um unseren Rhythmus zu kümmern.[16] Aus der Hirnforschung weiß man zum Beispiel, dass unser Gehirn gern in einem Neunzig-Minuten-Rhythmus aktiv ist. Nach neunzig Minuten lässt die Konzentration nach, dann will es etwas anderes tun, das einen anderen Bereich beansprucht. Das bewusst zu nutzen, macht effizienter und bringt gleichzeitig Ruhe in den Alltag.

Neunzig-Minuten-Rhythmus

Teile dir deine Arbeiten in neunzigminütige Abschnitte ein und mach dazwischen jeweils fünfzehn Minuten Pause (oder wechsle zu einer anders gearteten Aktivität). So erholt sich das Hirn immer wieder und du arbeitest effektiver und wacher. Außerdem fährst du die beim Arbeiten entstehende Spannung immer wieder herunter (und in neunzig Minuten auch gar nicht erst so weit hoch), dass du insgesamt ausgeglichener wirst.

Mit dieser Regel lebst du so, wie es für dein Gehirn stimmig ist. Und auch hier gilt das am Beginn dieses Buches empfohlene Motto »Was immer möglich ist«. Mal wird es funktionieren und mal nicht. Mal werden Termine es verhindern, dass du in diesem Rhythmus bleibst, und in manchem Job ist es gar nicht möglich, die Zeiten selbst zu bestimmen. Behalte die Regel dennoch im Hinterkopf und nutze sie, sobald sich eine Gelegenheit dafür auftut. Bestimmt kannst du nach neunzig Minuten zumindest einmal die Augen schließen, tief durchatmen, an etwas Schönes denken und einen Hauch Ruhe in dir spüren.

Der freundliche Tiger Liebe

Wenn Liebe die Qualität deiner Wahl ist, du dich aber wie ein Diktator zu Höchstleistungen antreibst, fütterst du damit einen ganz anderen Tiger. Die Angst, »es« nicht zu schaffen, ist heutzutage sehr verständlich. Doch es hilft nichts: Wer sich – und sogar seine Kinder – ein Leben lang quält, um mit den gesellschaftlichen Anforderungen und allem, was gerade hip ist, Schritt zu halten, hat dennoch keine Sicherheit, am Ende zu den Siegern zu gehören. Und mit Sicherheit ist er im jetzigen Moment nicht erfüllt und glücklich.

Die Ausrichtung auf die Qualität, die gelebt werden will, kann das Ruder allmählich stimmig neu ausrichten. Und der äußere Erfolg kommt oftmals … nein, nicht trotzdem, sondern gerade deshalb. Liebe als eines der wesentlichen Geheimnisse der Selbstfürsorge wird in diesem Buch noch als eigenes Kapitel thematisiert.

Sich sich selbst anpassen

Betrachten wir mit all dem, was wir bisher besprochen haben, noch einmal aus einem anderen Blickwinkel, was es für eine gelingende Veränderung braucht. Der Neurobiologe Gerhard Roth erklärt, dass die rational-analytische Ebene nicht mit dem limbischen System in uns interagiert – doch auf diesen »unteren« Ebenen entscheidet sich, ob wir uns verändern oder ob alles beim Alten bleibt. Im limbischen System werden Emotionen verarbeitet und das Triebverhalten sitzt ebenfalls dort. Wenn wir willentlich etwas verändern wollen, mag das eine starke Kraft sein – dort »unten«, in diesen älteren Teilen des Gehirns aber kommt sie meist nicht an. Daher sind auch Appelle an Vernunft und Einsicht nicht wirkungsvoll, ebenso wenig wie Strafen und Strafandrohungen. Die können zwar kurzfristig das Verhalten ändern, aber eben nicht die Haltung verbessern, mit der wir unser Leben gestalten. Solche Maßnahmen sind nicht stimmig, nicht auf das abgestimmt, wie wir als Menschen funktionieren.

Was aber hilft, Veränderungen wirklich anzugehen? Laut Gerhard Roth sind das:

- Leidensdruck – hier kommen nämlich Emotionen, die zum limbischen System gehören, und Veränderungswille zusammen. Beide Hirnbereiche, die sonst wenig miteinander reden, verbinden sich. (Das hatten wir im Kapitel zur Begeisterung so ähnlich auch gesehen.)
- Belohnung oder zumindest die realistische Erwartung einer Belohnung

- Vorbilder, denn sie senken die Angstschwelle, wir sehen an ihnen, dass die Veränderung tatsächlich möglich ist und zu einem guten Leben führen kann.
- Lang anhaltende Intervention in kleinen Schritten, denn so bilden sich neue Gewohnheiten heraus.
- Bindung und Vertrauensaufbau (dazu kommen wir noch bei den Geheimnissen Verbundenheit und Vertrauen).

Materielle Belohnungen übrigens wirken nicht nachhaltig – irgendwann reizen auch die höchsten Boni niemanden mehr, sich noch heftiger anzustrengen. Soziale Belohnungen hingegen wirken sehr viel stärker und schwächen sich langsamer ab: Zugehörigkeitsgefühle, Verbundenheitserleben. Und niemals gesättigt werden intrinsische Belohnungen, also solche, die ganz aus uns selbst heraus kommen. Dann machen uns unsere Gewohnheiten Spaß, ob sie »gut« oder »schlecht« sind – und deshalb führen wir sie weiter.

Nicht die Großhirnrinde – also unser rationales Denken und Wollen – entscheidet, welchen Gewohnheiten wir folgen, sondern die Basalganglien, die unter dem Großhirn liegen und entsprechend älter sind. Wir beeinflussen sie durch bewusstes Üben der gewünschten Lebensweisen, bis sie zu unbewussten Gewohnheiten geworden sind. Die erwähnte »lang anhaltende Intervention in kleinen Schritten«.[17] Es ist das Hineinträufeln der guten Gewohnheiten, von dem ich manchmal spreche. Und in all den Geheimnissen hier geht es letztlich darum, die Selbstfürsorge zu einer intrinsischen Belohnung werden zu lassen – zu etwas, was so schön ist, so spürbar guttut, so sinnvoll und stimmig gestaltet wird, dass es zu einem Bedürfnis ganz aus uns selbst heraus wird. Dann tun wir all das, was uns hilft und was positiv wirkt, weil es sich so schön anfühlt. Dass es auch längerfristig sinnvoll ist, wird zu einem schönen Nebeneffekt.

Zum Eigenen finden

Wie aber passen wir all das, was zum allgemein Menschlichen gehört, nun auf eine stimmige Selbstfürsorge für uns ganz individuell an? Vielleicht geht es dir ja wie so vielen und du bist dir selbst in manchem ein Rätsel. Du verhältst dich zuweilen unlogisch, reagierst so, wie du eigentlich nicht willst, oder tust genau das nicht, was dir eigentlich das Wichtigste ist.

Wir haben heute unzählige Möglichkeiten, der Lösung des Rätsels »Ich« auf die Spur zu kommen. Ob du psychologische Tests bemühst, die Astrologie, das Enneagramm oder das Human Design System, ob du mithilfe von The Work (siehe Kapitel »Vertrauen«) deine Gedankenwelt untersuchst oder in der stillen Meditation dein Wesen beobachtest – sich selbst zu erkennen ist ein lebenslanger und sehr lohnender Weg. Und es ist die Basis für eine passende Selbstfürsorge, denn die kann niemals für alle Menschen gleich aussehen.

Sich verstehen lernen

Handeln, reden, leben wir genau so, wie es zu uns als Mensch und als Individuum passt, belohnt uns unser Körper-Geist-Seele-System dafür mit Freude und Zufriedenheit. Stimmigkeit ist etwas, was sich einfach gut anfühlt. Unser gesamtes System – allem voran das Gehirn – strebt danach und je besser wir wissen, was zu uns passt, umso klarer können wir genau danach leben. Dazu gehört auch, uns so anzunehmen, wie wir sind, auch in dem, was uns zunächst seltsam oder »schlecht« erscheint.

Aus der Hirnforschung weiß man heute sehr genau, wie wir funktionieren – und was zum Beispiel passiert, wenn wir Stress oder Angst erleben. Wenn unsere Erwartungen und Bedürfnisse nicht zu dem passen, was in der Realität da ist, dann irritiert das unser Gehirn. Die Bereiche ganz »oben«, die jüngeren Hirnareale, in denen Denken, Abwägen und Entscheiden ablaufen, werden derartig stark übererregt, dass sie nicht mehr nutzbar sind.

Also greift das Gehirn auf ältere Teile zurück – und wir reagieren so, wie wir es früher getan haben: Wir werden aggressiv, schreien, toben oder wir verkriechen uns. Es kann sogar passieren, dass wir bis auf den Hirnstamm zurückgeworfen werden, bei dem nur noch die »archaischen Notfallprogramme« von Kampf oder Flucht abrufbar sind. Wenn selbst das nicht mehr geht – schließlich macht es keinen Sinn, den Chef anzubrüllen oder aus dem Meeting wegzurennen –, kann eine Erstarrung erfolgen. Wir werden völlig passiv, antriebslos und stellen sogar weitgehend das Atmen ein.[18]

Das alles zu wissen, führt dazu, dass wir uns unsere »blöden« Reaktionen verzeihen können und uns selbst damit im Herzen sehr viel näherkommen. Als mir diese Zusammenhänge bewusst wurden, hatte ich endlich Mitgefühl mit mir in all den Situationen, in denen ich früher nur Türe knallend den Raum verlassen konnte. Es war mein altes Muster: etwas Aggressives sagen und dann abhauen. Wut zeigen, aber keinerlei Selbstkritik und keine Klärungsbereitschaft. Ich dachte, das sei mein Charakter: leicht cholerisch. Doch da war einfach zu viel Unaufgeräumtes, das mich antriggern konnte.

Heute erlebe ich das anders. Heute ist in den »oberen« Hirnbereichen viel mehr Raum, viel mehr Bereitschaft und Fähigkeit, Dinge zuzulassen, die nicht meinen Erwartungen entsprechen. Und überhaupt sind da viel weniger Erwartungen und festgezurrte Meinungen. Das ausdauernde Aufräumen – ob mit Meditation, The Work oder allgemein Psychohygiene – hat Platz geschaffen, sodass immer seltener auf die alten Muster zurückgegriffen werden muss.

Genau das passiert, wenn wir »an uns arbeiten«. Dabei lernen wir nach und nach, uns selbst mit allen Stärken und Schwächen anzunehmen, denn sie sind zutiefst menschlich und niemand ist von Haus aus frei davon. Das ist auch etwas Schönes am Älter- und Reiferwerden: Wir nehmen auch uns selbst nicht mehr so persönlich, sondern eher als Beispiel für Menschsein heute. Dann ist wirkliche Selbstfürsorge möglich. Denn dann gönnen wir sie uns, wünschen sie uns, schenken sie uns ohne Vorbehalt. Und dann können wir über die eigenen Schwächen auch mal herzlich lachen und damit spielen.

Wenn mies drauf,
dann richtig!

Wenn du dich genervt, schlecht gelaunt, entmutigt fühlst, geh einmal ganz hinein in dieses Empfinden. Übertreibe es, spiele es wie eine Schauspielerin aus, bemitleide dich, suhle dich im Elend, bade in deinem Leid, meckere vor dich hin. Sei auch dabei achtsam, nimm dich und dein Empfinden ernst – aber eben nicht zu ernst. Oftmals machen die schlechten Gefühle auf diese Weise sehr schnell einer Erleichterung Platz oder sogar einem herzhaften Lachen, das weiß: Auch das geht vorüber.

Du kannst auch mal ausprobieren, überzeugend zu sagen: »Mir geht es gut«, selbst wenn du das im Moment gar nicht so empfindest. Sag es trotzdem, richte dich auf und schau dann, was in dir passiert. Bei mir fragt der Verstand sofort: »Echt? Wieso das?« Und er begibt sich auf die Suche nach Gründen, warum das wahr sein könnte. Natürlich findet er welche – und sofort geht es mir wirklich besser oder sogar richtig gut.

Die Kraft der Verletzlichkeit

Wir alle brauchen Möglichkeiten, mit unseren Gedanken konstruktiv umzugehen, mit unserem Körper und ebenso mit unseren Gefühlen. Wir lernen all das weder in der Schule noch beim Studium oder in der Ausbildung. Wir lernen es im Leben, weil wir merken, wie wir an Wände stoßen, uns wehtun, Krisen haben. Verletzt machen wir uns auf den Weg – und entdecken dann, wenn wir das Glück haben, am richtigen Ort zu schauen, eine Fülle an Hilfen und Methoden. Manchmal in Internetforen, durchaus. Meiner Erfahrung nach aber eher in Büchern und Seminaren, bei Heilpraktikern und Coaches, die sich der Ganzheitlichkeit im Menschsein verschrieben haben. Dann offenbaren wir unsere Wunden.

Dieses Offenbaren ist immer der erste Schritt zur Heilung und zur Stimmigkeit im Gestalten des eigenen Lebens. Wir alle tragen unsere Verletzungen – doch solange sie versteckt bleiben, können sie nicht heilen, sondern schwelen vor sich hin und beeinflussen alles, was wir tun. Sie sabotieren oftmals auch unsere selbstfürsorglichen Absichten. In Einzelcoachings ebenso wie in Seminaren ist es meist der berührendste Moment mit der größten Wandlungskraft, wenn eine alte Verletzung oder Schwäche offenbar werden darf, wenn der Mensch selbst sie erkennt und sie mit den anderen teilt. Es ist die unendlich wertvolle Erfahrung, mit diesem vermeintlichen Makel sein zu dürfen und weiterhin geschätzt zu werden und dazugehören zu dürfen.

Der Mut, dir deine Achillesferse, deine Schwachstellen, deine Ängste und alten Wunden einzugestehen, wird immer belohnt. Und wie gesagt, es sollte in einem geeigneten Rahmen geschehen, in dem Achtsamkeit und Mitgefühl herrschen, sei es mit einer Freundin, einem professionellen Coach oder Heiler oder in einer Seminar- oder Selbsthilfegruppe. Oder mit dir allein.

Liebevolle Erinnerungen, die dich weich werden lassen

In vielen Wohnungen hängen sie: Post-its oder Postkarten, Plakate oder einfach bunte Zettel mit Sätzen, die an die eigene Menschlichkeit erinnern. Worte von bekannten Persönlichkeiten oder solche, die uns in einem Moment bewusst wurden, als wir unsere Verletzlichkeit zeigten. Wenn dir solche Worte begegnen, die dich berühren und dein Herz für dich selbst öffnen: Schreib sie dir auf und häng sie dir gut sichtbar in deine Wohnung oder ins Büro. Lass zu, dass du weich wirst – es ist der Weg zu wahrer Stärke.

Das innere Kind – der Schlüssel zur Selbstliebe

Es kann ein langer Weg sein, die eigene stimmige Lebensart zu finden und akzeptieren zu lernen. Ob es darum geht, dass man introvertiert ist, hochsensibel, ein »Single at Heart«, ob man anders liebt als die Mehrheit, anders denkt, einfach anders ist oder zu sein glaubt. Doch selbstfürsorglich kannst du lernen, alles in dir anzunehmen – es darf sein, denn es ist ja bereits da. Und immer stärker wirst du so auch der eigenen Wahrnehmung vertrauen, deinem Gefühl für Stimmigkeit.

Auf diesem Weg kann es auch darum gehen, die unterschiedlichen inneren Anteile verstehen zu lernen – den Antreiber, den Kritiker, die Weinerliche, die Überschwängliche –, zwischen ihnen zu vermitteln und mit ihnen zu kooperieren. Denn »jeder Mensch ist eine kleine Gesellschaft«, wie schon Novalis sagte.

Eine Freundin zum Beispiel sah über Jahre immer bei Liebeskummer oder einer Trennung ein ganz bestimmtes Bild in sich: Ein kleines Mädchen stand an einem Zaun und schaute sehnsüchtig dem Mann nach, der dort draußen irgendwo seiner Wege ging. Das Mädchen gehörte zur inneren Familie dieser Frau und ihr Kummer hörte jedes Mal sofort auf, wenn sie sich dem Kind zuwandte und es liebevoll überzeugen konnte, zurück zu ihr zu kommen. Schon wenn es sich vom Zaun weg wieder zu ihr drehte, wandelten sich ihre Gefühle – es war wie ein Heimkommen, tränenreich und dabei tröstlich. Die Fixierung auf den jeweiligen Mann war gelockert. Kam das Kind dann zu ihr und setzte sich auf ihren Schoß, war die Welt wieder in ihrer Ordnung. Dieser liebessehnsüchtige innere Anteil hatte seine Geborgenheit wiedergefunden. Eine Geborgenheit, die ihm ohnehin kein Mann auf Dauer geben könnte. Und wenn dann doch wieder einer mit dieser Frau zusammenkam, war es eine schöne Zugabe.

Der Persönlichkeitsanteil, den diese Frau erlebte, war ihr inneres Kind. Jeder von uns hat diesen kindlichen Anteil – bestehend aus all dem, was wir als Kind erlebt haben, was uns früh geprägt hat, und auch aus dem, was uns als lebendige, körperliche Wesen ausmacht. Es ist der Schlüssel zu unserer Lebensfreude, zu unserer vitalen Kraft, zu unserer Individualität und zur Selbstliebe. Bevor wir uns ihm aktiv zuwenden, ist das innere Kind meist sehr eingeschüchtert, verletzt, oft sogar richtiggehend verstört. So kann es eine ganze Zeit brauchen, bis wir sein Vertrauen gewonnen und es liebevoll angenommen und geheilt haben. Hierzu gibt es wertvolle Bücher[19] und auch Heilpraktiker und andere ganzheitliche Unterstützer können dir dabei helfen.

Vor allem aber kannst du selbst sanft und freundlich mit dem Kindlichen in dir Kontakt aufnehmen. Um seine Existenz zu wissen, das ist der Anfang. Du kannst es jeden Morgen oder Abend begrüßen und fragen, wie es ihm geht und was es sich wünscht. Oft wollen diese Kindanteile ganz kindlich spielerische Dinge, sie wollen tanzen, ein Plüschtier zum Schlafengehen, mit einer Katze spielen oder einen warmen Grießbrei mit Zimt nach einem anstrengenden Tag. Sie wollen einen Drachen steigen lassen, auf der Wiese ein Rad schlagen oder ein leises Schlaflied hören. Anfangs mag es dir seltsam vorkommen – doch wenn du kannst, erfülle deinem inneren Kind seine Wünsche und spüre, wie sich das anfühlt und wie es euch einander näherbringt.

Das innere Kind steht auch für unsere Körperlichkeit und es tut ihm gut, diese liebevoll zu pflegen. Sicher mag Sport wichtig sein, doch wenn das Kindliche, der Genuss und die Freude mindestens so stark einbezogen werden wie der gesundheitliche oder leistungsorientierte Aspekt, dann ist das Bewegungsprogramm auf mehreren Ebenen nährend. Und es wird auch eher zu einem intrinsischen Bedürfnis, aus dem wir dann liebend gern eine Gewohnheit machen.

In love with your body

Leg dir eine Musik auf, etwas, was dich beruhigt, dir aber auch Bewegungsfreude gibt. Es sollte eine Musik sein, auf deren Schwingung du dich gern einlässt. Leg dir eine Yogamatte oder eine Decke zurecht und sorge dafür, eine Zeit lang ungestört zu sein. Zehn Minuten sollten es mindestens sein – wenn du dir eine halbe oder sogar ganze Stunde gönnen kannst: umso besser.

Leg dich auf die Matte oder Decke und spüre in deinen Körper hinein. Lass zu, dass er sich zu bewegen beginnt, ganz so, wie er möchte. Lass die Musik in ihm wirken und erlaube ihm, sich so zu rekeln und zu dehnen oder so zu wippen und zu wiegen, wie es sich für ihn gut anfühlt. Nach einer Zeit kannst du in Übungen übergehen, die du kennst, aus dem Yoga oder dem Feldenkrais, aus Pilates oder noch aus der Schulgymnastik. Beweg dich immer sanft und im Gespür für deinen Körper. Du kannst ihn auch streicheln, wenn du das möchtest. Liebe ihn über die Bewegungen, die ihm guttun. Atme dabei tief und lang. Lass den Atem jede Bewegung begleiten.

Du kannst dich auch aufsetzen oder aufstehen, du kannst den Sonnengruß vom Yoga einbauen oder tanzen, du kannst wie beim Qigong die Arme langsam schwingen lassen. Alles, was dir guttut. Wenn es sich stimmig anfühlt, kannst du auch Liegestütze machen oder Sit-ups. Lass diese Zeit auf deiner Matte zu einer Wohlfühl-Trainingszeit für dich und deinen Körper werden.

Spüre am Ende nach, wie weich und geschmeidig, kraftvoll und entspannt sich dein Körper anfühlt. Vielleicht kannst du auch in Kontakt mit deinem inneren Kind kommen und es fragen, wie ihm diese letzten Minuten gefallen haben. Möglicherweise spürst du noch für ein paar Stunden ein sinnliches Schwingen in deinen Hüften und sicherlich eine stärkere Erdung. Genieße sie und lass sie zu deinem Lebensgefühl werden. Mit einem freudigen Körper lebt die Begeisterung von selbst auf.

»Mein Herz, wie willst du leben?«

Wer sein Leben als stimmig betrachtet, findet eher Möglichkeiten, sich gesund und fit zu halten und aus schwierigen Phasen herauszuarbeiten – das weiß die Salutogenese, die Lehre von der Gesunderhaltung. Genau diese Stimmigkeit des Lebens erreichen wir, wenn wir unser inneres Kind, aber gleichermaßen auch unser Herz fragen, wie sie leben wollen, und dies in Übereinstimmung mit den äußeren Gegebenheiten zu bringen vermögen. Das geht in manchen Phasen leichter als in anderen. Doch wenn es der Anspruch ist, nach dem wir leben wollen, dann löst bereits das ein Gefühl der Stimmigkeit aus.

»Was für ein Mensch möchte ich sein? Welche Qualitäten möchte ich leben?« Diesen Fragen waren wir schon nachgegangen und es ist sinnvoll, die Antworten darauf immer wieder aufzufrischen, damit sie im Alltag nicht untergemischt werden ins Allerlei.

Schau dir in die Augen

Ein schönes Ritual ist es, sich abends vor den Spiegel zu stellen, sich in die Augen zu schauen und den Tag Revue passieren zu lassen. Stell dir dazu Fragen wie: »War ich heute so, wie ich sein möchte? War ich der Mensch, der ich hier auf Erden sein will? War ich im Geiste dessen unterwegs, was mir wichtig ist?«

Die Antwort wird mal ein großes Ja sein, mal ein »Nein, leider nicht« und oftmals ein Ja mit leichten Einschränkungen. Sieh dich im Bewusstsein dafür an, das Beste gelebt zu haben, was dir heute möglich war. Sei liebevoll mit dir, auch wenn es an diesem Tag Momente gab, wo du von dir selbst enttäuscht warst. Du hast so gelebt, gehandelt, reagiert, wie es dir möglich war. Würdige dich für dein Sosein. Es ist das Ergebnis all deiner bisherigen Erfahrungen. Schenk dir jetzt die Erfahrung, dich anzunehmen, so wie du bist und heute warst.

Diese kleine Übung verstärkt nicht nur den Frieden mit dir selbst, sie schärft auch das Bewusstsein dafür, was dir wichtig ist, wofür du stehst und gehst. Deine Vision von dir selbst und ihre Verwirklichung. Du kannst auch das Thema deiner Berufung einbeziehen, wenn sie dich beschäftigt. Sie findest du mit dem Fragendreiklang: Was bedeutet dir etwas? Was macht dir Freude? Was kannst du? Auch das lässt sich abends beim Blick in den Spiegel überprüfen: Hattest du heute das Gefühl, im Sinne dessen unterwegs zu sein, wozu du hier auf Erden bist?

Manchmal – meistens wahrscheinlich – will das Herz gar keine großen Sprünge und keine Heldentaten von uns.

Es will, dass wir einfach ehrlich und herzlich erleben, dass wir lebendig sind. Mir wurde das an einem Tag auf Malta bewusst, an dem ich eine Weile haderte, bis ich meinem Herzen erfüllte, was es mir zu wollen schien. Es war mir anfangs peinlich – auch wenn es niemanden gab, der hätte bemerken können, was ich tat: Ich wollte nämlich einfach nur in meinem schönen Hotelzimmer und auf dem Balkon herumsitzen und dort mein Sein genießen. Ich wollte nicht in die Stadt, ich wollte zu keiner Sehenswürdigkeit, ich wollte nichts essen gehen, ich wollte nicht unter Leute und nicht an den Strand, auch wenn ich extra hierhergereist war. So entsprach es mir an diesem Tag – und als ich es mir erlaubte, wurde es einer der schönsten Urlaubstage der ganzen Reise. Ich ganz mit mir.

Gebrauchsanleitung für dich selbst

Wir brauchen viele Jahre, um zu verstehen, wie wir ticken. Was tut uns in schweren Momenten gut? Welche Rhythmen passen zu uns? Wann brauchen wir was? Was steckt hinter so mancher Seltsamkeit? Wenn es dann aber so weit ist, dass du einiges über dich weißt, könnte es eine gute Idee sein, eine Art Gebrauchsanleitung für dich zu schreiben. Einen Handzettel, der dir hilft, dich selbst auf beste Weise zu führen, zu inspirieren, zu umsorgen.

Wenn ich sie für mich schreiben würde, würden Punkte hineingehören wie: »Braucht viel Flexibilität.« Was heute wahr ist, kann nämlich morgen falsch sein und was ich heute ablehne, kann morgen, wenn ich es genauer überprüfe, genau richtig sein. Das heißt nicht, dass ich kein Rückgrat hätte oder charakterschwach wäre – es heißt, dass ich meine Wahrheit dem aktuellen Stand meines Bewusstseins anpasse und dem, was das Leben mir im Außen anbietet. Das zu wissen hilft mir, falschen oder übereilten Entscheidungen vorzubeugen. Und es bringt mich dazu, sehr schnell umzuplanen, wenn ich irgendwo feststecke – und mich damit wieder gut zu fühlen.

Außerdem würde bei mir stehen: «Braucht regelmäßig eine warme Mahlzeit, auch wenn sie im Eifer des Gefechts am Schreibtisch oft meint, nicht hungrig zu sein und noch keine Pause zu wollen.« Und es würde dazugehören: »Ist zu wenig nachtragend.« Das bedeutet, dass ich es oft ganz schnell vergesse, wenn mich etwas genervt oder angestrengt hat, und nach ein paar Wochen denke ich dann: Ach, so schlimm war es doch gar nicht. Dann laufe ich erneut in die gleiche Falle. Wenn ich aber weiß, dass ich so ticke, mache ich manchen Fehler eben doch nicht mehrfach … In dieser Art meine ich das mit der Gebrauchsanleitung für uns selbst.

 ## Schreib dir deine Gebrauchsanleitung

Nimm dir etwas Zeit und mach es dir mit Papier und Stiften bequem. Komm ein wenig zur Ruhe und beginne dann zu notieren, was man über dich wissen müsste, um gut mit dir zurechtzukommen. Was nervt dich, engt dich ein, macht dich launisch? Und was bringt dich am besten wieder heraus

aus diesen Zuständen? Was liebst du und was sind deine Kraftquellen? Was sind wertvolle Eigenheiten?

Ergänze diese Liste über ein paar Wochen hinweg immer wieder. Das schärft auch deinen Blick auf dich selbst im Alltag. Wenn du willst, kannst du die Infos am Ende zu einer Collage aus Worten und Bildern zusammenkleben und in der Wohnung aufstellen.

Das Leben zum Lächeln bringen

Noch einmal: Worum genau geht es eigentlich im Leben? Worum geht es bei all unseren Wünschen und Zielen, bei all unserem Wollen und Sehnen? Letztlich geht es dabei nicht um Ergebnisse, das Einhalten von Plänen, das Erreichen von Zielen oder das Erfüllen von Wünschen. Es geht um die Gefühle, die damit verbunden sind. Wir wollen einzig und allein etwas Bestimmtes fühlen, uns auf eine bestimmte Weise fühlen – nur darum machen wir all das, was wir tun. Ein toller Partner? Wir wollen fühlen, wie es ist, mit ihm zu sein und ihn zu »haben«. Viel Geld? Wir wollen erleben, wie sich das anfühlt, die Sicherheit, die Macht, die Freiheit. Erleuchtung? Wir wollen die Enge, die Probleme, das Erdenschwere nicht mehr fühlen, sondern frei sein.

Wie also wäre es, wenn wir unsere angestrebten Gefühlszustände herausfinden und alternative Wege suchen, sie zu erfahren. Dann brauchen wir nicht zu warten und zu ackern, bis X oder Y passiert ist, sondern können jetzt gleich erleben, was wir erleben wollen. Letztlich geht es nur darum, unser Lieblingslebensgefühl immer dann, wenn es auftaucht, bewusst und intensiv wahrzunehmen. Es wirklich zu fühlen und sich daran zu erfreuen. Und überhaupt alle angenehmen und freudvollen Gefühle – auch die, die aus der Selbstfürsorge erwachsen. Sie alle erfüllen uns und machen uns dann weniger bedürftig nach dem, was wir meinen nicht zu haben und zu brauchen.

Lass jede Zelle deine Freude spüren

Wenn es dir gelungen ist, ein selbstfürsorgliches Vorhaben umzusetzen, dann spüre dem nach. Fühle intensiv, wie es dir dabei und danach geht. Koste das gute Gefühl, etwas für dich getan zu haben, richtig tief aus. Verankere es in dir, indem du es jede deiner Zellen bewusst wahrnehmen lässt. Mach dir bewusst, dass du dieses Empfinden immer dann haben kannst, wenn du auf diese Weise gut für dich sorgst: den sich straffer anfühlenden Körper nach einem Work-out; die innere Weite und süße Entspannung nach einem Tag in Stille und Ruhe; die leise Freude, nachdem du auf das Stück Torte verzichtet hast, weil du weißt, dass du es bereut hättest. Lass dieses Empfinden in dir lebendig sein.

Kurzfristige Freuden und langfristige Ziele

Manchmal kann es Selbstfürsorge sein, sich eine Zeit lang das zu verbieten, was man am liebsten tut, um wieder für mehr Gleichgewicht zu sorgen. Das gilt nicht nur fürs Tortenessen oder Fernsehenschauen, sondern auch für Dinge, die wir eigentlich als rundum gut einstufen. Leseratten erholen sich dann mal eine Zeit lang von Buchstaben und stetig neuen Geschichten oder Informationen und pflegen wieder mehr die Körperlichkeit, die Sinnlichkeit, das Sein in der Natur oder unter Menschen. Sportfreaks gönnen sich möglichst mal eine Runde Nichtstun und Dauergesellige ein bisschen Für-sich-Sein und Zu-sich-Kommen. Für den Wechsel des Modus braucht es wieder das achtsame Bemerken – ein Innehalten. Das ist auch immer dann gut, wenn wir uns festgefahren, »festgebissen« haben.

Atme ich noch?

Vor allem am Schreibtisch sind viele so konzentriert – oder eher: angespannt –, dass sie nur noch ganz flach atmen. Wenn du das von dir kennst, könnte sich eine Achtsamkeits-App lohnen, die in bestimmten Abständen einen Gong ertönen lässt. Wann immer der erklingt, halte inne, schließ die Augen und prüfe, was dein Atem macht. Lass zu, dass er sich ganz von selbst vertieft. Und genieße es, wieder ausreichend Luft ein- und ausströmen zu lassen und mehr innere Weite zu gewinnen. Nach ein paar Sekunden oder ein, zwei

Minuten kann es schon erfrischt und gelöster mit der Arbeit weitergehen – oder mit einer ganz anderen Aktivität zum Ausgleich.

Zur Selbstfürsorge gehören nicht immer nur leichte, freudige Sachen, die wir ohne Anstrengung gern tun. Eis essen, auf dem Sofa liegen, mit den Freundinnen telefonieren, das brauchen wir uns nicht auf die To-do-Liste zu schreiben. Aber die regelmäßige Yogaeinheit, das gesündere Essen, die Psychohygiene welcher Art auch immer vorm Schlafengehen – das will etabliert, eingeübt und auch an trägeren Tagen beibehalten werden.

Selbstfürsorge kann sich zeitweise wie eine Beschränkung anfühlen. Es ist kein Verwöhnprogramm. Kurzfristig durchaus mal, voll und ganz und mit allen Sinnen. Doch das ist der kleinste Teil davon.

Man könnte sagen, Selbstfürsorge hat eine kurzfristige und eine langfristige Ebene. Und wie du sicher schon selbst erlebt hast, passen beide oftmals nicht zusammen. Kurzfristig würde uns ein Eisbecher guttun. Langfristig passt er nicht zu der gesunden Lebensweise, die wir etablieren möchten. Kurzfristig wollen wir einen freien Abend genießen. Langfristig wäre es besser, den heimischen Schreibtisch endlich mal aufzuräumen und längst fällige Mails und Rechnungen zu erledigen. Was also tun?

Wir werden immer neu vor Entscheidungen dieser Art stehen. Und mal wird der kurzfristige Genuss gewinnen, mal die langfristige Vernunft. Es kann hier keine starren Regeln geben. Nur eine von Achtsamkeit begleitete Flexibilität macht das Leben diesbezüglich angenehm und lässt es wohl zugleich am ehesten gelingen. Mal bedienen wir das eine, mal das andere. Je nach momentan empfundener Bedeutsamkeit.

Die Frage ist: Welches Bedürfnis ist zeitweise wichtiger? Arbeiten oder Entspannen? Sich etwas gönnen oder sparen? Manchmal finde ich persönlich es entspannender, noch eine Arbeit fertig zu machen oder überhaupt Projekte voranzubringen, als im eigentlichen Sinne zu relaxen. Mein System weiß, dass da noch etwas zu tun ist, und wird ab einem gewissen Punkt unruhig, wenn es noch immer unerledigt daliegt. Und an anderen Tagen ist es das einzig Sinnvolle, wirklich Ruhe zu geben und nichts mehr zu arbeiten. Ich finde es denkend, aber auch fühlend heraus, indem ich mich frage: Wie sieht es mit dem kurz- und dem langfristigen Gewinn, aber auch dem kurz- oder langfristigen möglichen Schaden aus?

Der sanfte Schubs ins Glück

Manchmal kostet es Überwindung, das vernünftige Tun zu unterbrechen und sich dem scheinbar unvernünftigen Wohlfühlprogramm hinzugeben. Ein Spaziergang, während noch so viel zu tun ist? Ein heißes Bad, obwohl noch Pflichten rufen? Ein paar Minuten auf dem Trampolin, bevor man sich am Schreibtisch vollkommen festfährt? Wage den Switch. Nach ein paar Minuten wirst du spüren, wie gut es dir tut. Genieße es – und mach danach umso frischer »vernünftig« weiter.

Wenn es aus äußeren Zwängen heraus in nächster Zeit nicht möglich ist, Belastungen zu reduzieren, solltest du schauen, wie sich Entlastungen vermehren und Wohlfühl-inseln besuchen lassen: Tanzen, Radeln, Kaffeeplauderei, Kuschelzeit, Yogaeinheit. Es gibt sehr vieles, was gerade in Zeiten größerer Anspannung zuverlässig für Ausgleich sorgt. Was wirkt bei dir am besten – auch wenn es anfangs manchmal den »Schubs ins Glück« braucht?

Du kannst alles haben!

Tal Ben-Shahar gefällt mir als einer der bekanntesten Glücksforscher mit dieser Anregung: Wir sollten nicht fragen, ob wir jetzt *oder* später glücklich sein wollen, sondern wie wir es hinbekommen, jetzt *und* später glücklich zu sein. Ich nutzte diesen Ansatz schon länger – und oftmals mit angenehmem Erfolg. Ich beschreibe es so: Wenn sich in einer Situation die Lösungsmöglichkeiten A und B beide nicht wirklich gut anfühlen, dann warte ich, bis sich mir C zeigt. Ich gehe davon aus, dass es ein C geben muss, das sich stimmig anfühlen wird, auch wenn ich es momentan noch nicht erkenne.

Ein kleines Beispiel dafür: Ich war zu einem einwöchi-gen Seminar angemeldet und wollte nachher gern noch für ein paar Tage in der Gegend dort bleiben. Das war mir aber zu teuer, weil ich auch gern ein Einzelzimmer im Se-minar gehabt hätte. Also überlegte ich, für den Kurs ein Zwei- oder Dreibettzimmer zu buchen, um Geld zu spa-ren – doch richtig viel Geld war das letztlich nicht und ich fürchtete, während des herausfordernden Seminars dann nicht genug Ruhe zu finden. Patt. Nichts gefiel mir. Bis ich nach ein paar Tagen plötzlich freudig beschloss, ein Bett im Schlafsaal zu buchen. Das ist in gewisser Weise anonym, sodass es ähnlich leicht für mich sein würde, ganz bei mir zu bleiben wie im Einzelzimmer. Und es würde so viel weniger kosten, dass ich noch drei Tage länger in der Gegend sein konnte. Das fühlte sich richtig gut an.

Und genau das ist das Wesentliche für mich: Es sollte sich gut anfühlen. Ich möchte keinen schlechten Kompromiss mehr eingehen. Im Hinblick auf eine solche Ausrichtung beschreibt Ben-Shahar sogar eine »Glücksrevolution«, die einsetzt, wenn immer mehr Menschen von innen heraus nach Glück statt nach Besitz und Ruhm streben würden. Es wäre eine Revolution des Bewusstseins und würde die ganze Welt verändern. Und wer die Selbstfürsorge ernst nimmt, der ist begeistert dabei.

Das Leben sorgt für dich

Die allerbeste Selbstfürsorge könnte es sein, dass wir uns so ausrichten, dass das Leben für uns sorgt. Natürlich tut es das immer – nur bemerken wir nicht, wie es uns atmet, uns erfüllt, uns leitet und beschenkt. Doch in den Momenten, in denen das Bewusstsein dafür aufscheint, ist diese Klarheit plötzlich da. Und dann sehen wir, wie das Leben lächelt.

Es ist schwer zu beschreiben, dieses Gefühl, wenn das Leben lächelt. Das Leben selbst. Das große Ganze. Oder ist es das eigene Bewusstsein, das ich personifiziere?

Eigentlich ist es egal, wer oder was genau da lächelt. Ich spüre in diesen Momenten eine große Stimmigkeit. Ich weiß mich »richtig«, ganz gleich, was ich gerade tue. Und ich komme zu diesen Momenten umso häufiger, je mehr ich »das Leben machen lasse«, je weniger ich mich mit meinem Wollen und meinen Zielen, mit meinem Tun und Manipulieren und Zurechtrücken einmische.

»Follow the simple direction«, ist einer dieser magischen Sätze von Byron Katie, die das ganze Leben verwandeln und zum Lächeln bringen können, wenn man sich daran orientiert. Für mich ist er zur Aufforderung geworden, einfach dem zu folgen, was die Realität anbietet. Jetzt möchte ich dir natürlich ein paar Beispiele geben, wie ich das meine – und mir fällt keines ein. Ich will aber unbedingt eins finden und stecke fest … Und dann das befreiende Lachen: Follow the simple direction. Ich finde gerade kein Beispiel. Muss ich es jetzt in diesem Moment finden? Nein. Dann gehe ich doch erst mal weiter im Text, es wird zur rechten Zeit gefunden werden … Oder noch besser: Ich schreib genau das auf.

Kaum ist es getan, folgen weitere: Ich will zu einer Wanderung aufbrechen und es regnet in Strömen – ich bleibe zu Hause. Ich bin verliebt und er will mich nicht – ich kümmere mich um mich selbst in meinem Alleinsein. Ich komme nach Hause und die Küche ist ein Chaos – ich räume auf. Ich folge dem, was dran ist. Und in Kopf und Herz ist dabei viel Raum, denn das Leben sorgt für mich. Alles, was mir begegnet, ist Leben und zeigt mir den Weg. Um so vieles muss ich mich gar nicht kümmern. Wohl aber um meinen Bewusstseinszustand und meine innere Ausrichtung.

Morgenroutine

Je klarer du dich am Morgen ausrichtest auf das, was dir wichtig ist, umso besser wird es dir gelingen, dein Leben in genau diesem Sinne zu leben. Etabliere dir daher einen stimmigen Tagesstart. Die Morgenroutine kann die unterschiedlichsten Elemente enthalten. Hier ein paar Beispiele, die sich frei kombinieren lassen:

- Gebet
- Affirmationen
- Begrüßung von Vater Himmel und Mutter Erde, zwischen denen du als Mensch aufrecht im Leben stehst
- Sonnengruß, Fünf Tibeter, Qigong oder Ähnliches
- Jogging- oder Walkingrunde
- Stilles Sitzen oder eine andere Meditation
- Liebevolles und geduldiges Zwiegespräch mit deinem inneren Kind (und vielleicht willst du ihm auch einen Wunsch erfüllen)
- Antworten auf die Fragen »Worauf freue ich mich heute?« oder »Wofür bin ich dankbar?«
- Die innere Ausrichtung auf das, was dir im Leben wichtig ist, auf deine Werte, die Qualitäten, die du leben willst, dein liebstes Grundgefühl
- Die innere Ausrichtung auf das, was dir speziell heute wichtig ist. Worauf liegt heute dein Schwerpunkt? Vielleicht darauf, vegan zu essen? Darauf, liebevoll mit allem, was dir begegnet, umzugehen? Darauf, möglichst still und bei dir zu sein? Darauf, drei »gute Taten« zu vollbringen, die dich selbst glücklicher machen? Heute, an diesem einen Tag kann es gelingen.

Eine solche Routine kann ganz schnell gehen, teilweise noch im Bett absolviert oder ausführlich zelebriert werden. Je nach aktuellem Zeitbudget. Bewusst ausgeführt aber ist sie immer hilfreich. Auch hier gilt das Motto: »Was immer möglich ist.«

Ähnlich kann es ein Abendritual geben – das Stillwerden nach dem Tag, ein Dankesgebet, die Eintragungen ins Glückstagebuch ... und das bewusste Hinspüren zum »Leben selbst«. Lächelt es?

Verbundenheit

Das Empfinden für unser Leben und uns selbst hängt sehr stark davon ab, ob wir uns auf gute Weise mit uns, aber auch mit anderen verbunden fühlen. Selbstfürsorge ist daher zu einem großen Teil auch Beziehungsfürsorge. Und dies am besten auf eine individuell stimmige Weise, die erst gefunden werden will, weil sie nicht einfach von anderen übernommen werden kann.

Resonanz als Grundgesetz der Lebendigkeit

»Wenn Beschleunigung das Problem ist, dann ist Resonanz vielleicht die Lösung.« So beginnt Hartmut Rosa, den ich schon mehrmals erwähnt habe, sein Buch *Resonanz*, und es gibt kaum einen besseren Einstieg auch für uns hier in diesen Themenbereich.[20] Resonanz, das Sicheinschwingen, das Miteinander-Schwingen – es ist eine zentrale Größe für unser Menschsein, für unser Wohlbefinden und Gelingen. Wenn wir miteinander schwingen, fühlen wir uns verbunden und lebendig. Ohne Resonanz hingegen ist unsere Welt kalt und einsam, egal wie viele Menschen um uns herum sein mögen. Wir bemerken das schon, wenn wir mit einem Menschen zu tun haben und es kommt einfach nichts zurück. Gar nichts. Versteinerte Miene, Neutralität, vielleicht korrektes, aber völlig unpersönliches Verhalten. Wir fühlen uns dann schnell abgewiesen und werden unsererseits ebenso kühl. Wenn aber einer von beiden durchlässig wird, weich, lächelnd, dann kann es kippen – dann entstehen Resonanz und Wohlbefinden und oft auch etwas Überraschendes, Unerwartetes, Berührendes.

Hartmut Rosa beschreibt das Fehlen von Resonanz als eine der Hauptursachen für Burn-out. Wenn wir aus Zeit- und Effizienzgründen nie die Resonanz zu Patienten, Schülern, Kollegen oder auch zu unseren Projekten zulassen können, sondern sie immer unterdrücken und abblocken müssen, ist das zutiefst unbefriedigend und kann mit der Zeit krank machen. Wir sind keine Maschinen, wir wollen und müssen fühlen und mitschwingen, um lebendig und vital sein zu können. Also gehört es zu den wesentlichen Geheimnissen der Selbstfürsorge, uns unsere Resonanzfähigkeit zu erhalten und immer neu wiederherzustellen.

Fühlend mit dir selbst verbunden

Echtes Lebendigsein heißt zunächst, in Resonanz mit dir selbst zu sein. Die Verbundenheit mit dir selbst ist die Basis für die Güte aller weiteren Begegnungen und Beziehungen – das hatten wir hier schon angesprochen. Und auch, dass es uns um Gefühle geht, die wir erleben möchten. Nicht um die Dinge, die wir erstreben, und meist nicht mal wirklich um die Menschen, nach denen wir uns sehnen.

Die kleinen Freuden

Kehre immer wieder zu den kleinen Freuden zurück. Halte inne und sieh dich um, im Raum oder vorm Fenster, schau in den Himmel oder auf einen Baum. Was ist schön? Was stärkt dich? Was erinnert dich daran, dass sich das Leben lohnt? Wo schwingst du mit und fühlst dich dadurch lebendig?

Das Fühlen ist eine Qualität im Menschsein, die wir heute leider stark unterschätzen. Wir reden dann schnell von »Gefühlsduselei« und wehren alles ab, was uns in die Nähe unserer Emotionen bringen könnte. Denn sie können wir nicht kontrollieren und leider kennen wir meist auch keinen guten Umgang damit. Dabei könnte es ganz einfach sein: Gefühle wollen gefühlt werden. Sie kommen, wir durchfühlen, durchleben sie, und sie gehen wieder oder verwandeln sich in andere Gefühle. Sie wollen willkommen sein – nichts weiter.

Eine der schönsten Anleitungen zum Umgang mit Gefühlen verdanke ich Lucia Scholz, die ein Willkommensritual für Gefühle aller Art entwickelt hat, das ebenso einfach wie wirkungsvoll ist.

Heiße Gefühle als Gäste willkommen

Wenn du ein Gefühl spürst – ob Traurigkeit, Wut oder Abneigung oder etwas ganz anderes –, nimm dir einen Moment Zeit für drei Schritte:

1. Sage: »Hallo, Gefühl.« (Hier kannst du es benennen, also zum Beispiel: »Hallo, Traurigkeit.« Oder: »Hallo, seltsames Schweregefühl.«)
2. Sage: »Willkommen.« (Du heißt das Gefühl bei dir willkommen und nimmst es einfach wahr, wie einen Gast.)
3. Nach einer Weile wird das Gefühl schwächer oder es verschwindet ganz und du sagst: »Danke, dass du da warst.«[21]

Mehr ist nicht zu tun. Du gehst in Resonanz mit deinen Gefühlen, lässt sie da sein und weißt, dass sie auch wieder gehen, die einen schneller, die anderen langsamer. So kehrt Frieden ein.

Wenn ich fühle und mich damit zeige, geschehen sofort kleine Veränderungen in mir und in dem, was oder wer mir begegnet. Es ist, als würde ich mich wieder schwingungsfähig, resonant machen – und darauf reagiert das Umfeld. Und das meist positiv. Ich erinnere mich da an einen Tag, an dem ich scheinbar grundlos traurig war. Ich war aber in der Stadt unterwegs, sodass ich es nicht zeigen wollte. Auch mir selbst nicht. Es schien einfach kein Raum dafür da zu sein, hier unter all den fremden Menschen. Doch dann riskierte ich es: Zumindest beschloss ich, mich mir selbst endlich zuzuwenden, statt mich hier zu quälen und das Spüren, das Sich-mir-Zuwenden auf heute Abend zu Hause zu verschieben, wo ich wieder für mich sein würde. Ich wurde etwas langsamer und spürte in mich hinein. Ich nahm die Traurigkeit wirklich wahr, ließ ihr Raum, fühlte sie – mehr war ja ohnehin nicht zu tun.

Mein Weg führte mich gerade in ein Geschäft hinein. An der Schwelle hielt mir ein Mann die Tür auf und schaute mich einen Moment länger als nötig an. Irgendetwas Weiches lag in seinem Blick. Das berührte mich so sehr, dass mir ein paar Tränen kamen. Er sah sie nicht mehr, denn er war bereits seiner Wege gegangen. Doch in mir war ein neuer Frieden, eine Art Verbundenheit und Dankbarkeit. Die freundliche Schwingung eines anderen Menschen hatte auch mich wieder weich gemacht – und dies geschah genau in dem Moment, in dem ich beschlossen hatte, mich mir zuzuwenden. Das Leben antwortete prompt.

Weich und resonant werden

Die Rückkehr zu uns selbst in unserem Fühlen ist manchmal ein weiter Weg. Doch mit dem ersten Schritt wird es bereits weicher. Manchmal ist diese Rückkehr nach einer Zeit der Verschlossenheit und Härte, des rein Rationalen und Weiterwollens tränenreich. Doch genau dann geht das Herz auf und all die Zartheit darf sich endlich wieder zeigen. Das Müssen und Leisten tritt in den Hintergrund. Ein Sperling, der im Café draußen nach Krümeln fragt – und schon könnte ich weinen. Berührt. Ja: wieder am Leben, wieder verbunden. Noch schnell vielleicht vom vielen Hasten, doch neu gefunden. Wiederentdeckt von mir selbst.

Tränen sind häufig der erste Schritt zur Lösung. Sie öffnen die Türen, die lange verschlossen waren. Lassen wir sie fließen, weicht der Druck, wir atmen neu auf.

Das Fühlen gehört mit zum Schönsten des Menschseins. Uns steht eine so unendlich reiche Palette an emotionalen Empfindungen zur Verfügung – und natürlich sind nicht alle angenehm. Doch die Erfahrung zeigt: Wenn wir die Gefühle wirklich zulassen und erleben, hat das immer eine Schönheit. Denn wir schwingen mit uns mit, wir sind resonant mit unserer Lebendigkeit. Und wir sind für uns da mit dem, was da gerade ist. Wir spüren vielleicht nach einer anstrengenden Zeit die ganze Wucht der Spannung, die sich langsam aufgebaut hat, während wir sie bereits loszulassen beginnen. Wir lassen zu, dass uns Lösungen zufliegen. Dass Hilfe naht in Form von Ideen, Eingebungen oder einfach dem Wandel der inneren Großwetterlage.

Die wundervolle Resonanz im Lachen

Resonanz können wir auf die vielfältigste Weise in unser Leben einladen. Wie wäre es mit der Resonanz im Lachen? Hör oder sieh dir gute Komiker an oder lies Cartoons, scherze und albere mit Freunden herum – und spüre, wie Lachen ansteckt und alles Schwere hinwegfegt.

Erinnerst du dich an das Kapitel »Begeisterung«? Da ging es unter anderem darum, dass unser Gehirn immer dann, wenn wir Begeisterung, aber auch allgemein intensive Gefühle erleben, neuroplastische Botenstoffe ausschüttet, die dafür sorgen, dass sich die Neuronenstruktur verändert.

Die Bereiche, die gerade aktiv sind, werden gestärkt. Wenn wir also intensiv fühlen – zum Beispiel Freude am Tun oder auch den Kitzel der Herausforderung vor einer Aufgabe –, dann wachsen im Gehirn die Bereiche, die mit diesen Aktivitäten verbunden sind. Wir verändern uns und werden besser darin. Diese Umbauprozesse passieren auch bei weniger angenehmen Gefühlen. Auch dann wird das Gehirn höchst aktiv und belohnt uns, damit wir eine Lösung finden – und dann noch einmal, wenn wir sie gefunden haben.

Je mehr du in deinem Leben fühlst, wirklich spürst und dir unter die Haut gehen lässt, umso flexibler wird dein Gehirn und umso mehr bewegt es sich in die Richtung, in die du aktiv schaust. Und genau damit stärkt sich dein Vermögen, in der Welt zu sein. Du wächst immer neu über dich hinaus.

Mit dem mitschwingen, was guttut

Erlaube dir, glücklich zu sein – auch wenn die Welt ihre kleinen und großen und sogar katastrophal erscheinenden Schwierigkeiten hat. Was so einfach klingt, gehört allerdings zum Schwierigsten überhaupt, denn sehr oft erlauben wir uns dieses Glück nicht und tun dann natürlich auch genau das nicht, was uns glücklich oder zumindest ausgeglichen sein lassen könnte.

Wir schwingen auch mit vielem mit, was uns nicht guttut. Unser Körper-Geist-Seele-System achtet naturgemäß sehr auf Gefahren – und wenn in den Nachrichten oder am Mittagstisch in der Kantine von Furchtbarem berichtet wird, gehen wir damit in Resonanz. Vielleicht geht uns das, worüber berichtet wird, auch wirklich etwas an – in den meisten Fällen aber allenfalls sehr indirekt. Zur Psychohygiene gehört es daher ebenfalls, nicht alles an sich heranzulassen, was so an Meldungen, Meinungen und Schwingungen unterwegs ist.

Selbstfürsorge heißt heutzutage also auch, sich bestimmten Energien und Stimmungen ganz bewusst *nicht* auszusetzen, sich davon fernzuhalten oder zurückzuziehen. Phasenweise kann das für sensible Naturen bedeuten, dass sie ihren Medienkonsum enorm einschränken. Für viele kein leichter Prozess, denn die meisten wollen ja doch informiert sein über das, was in der Welt geschieht. Wir empfinden das als unsere Pflicht als Erdenbürger – auch wenn die Folge der Informiertheit oft nur ist, dass wir uns schlecht und machtlos fühlen und womöglich andere in Diskussionen ziehen, bis sie auch an der Welt verzweifeln könnten. Hier das richtige Maß und den stimmigen Umgang zu finden, ist nicht einfach.

Doch schon die aktive Wahl, über welche Kanäle man sich informiert, kann einen großen Unterschied machen. Zeitung und Informationsradio sind oft leichter zu nehmen als Nachrichten oder Dokumentationen im Fernsehen oder Internet, die bewegte Bilder von Katastrophen und Kriegen zeigen und mit Musik und Tonfall der Sprecher oft stärkere Emotionen hervorrufen oder gar schüren. Dabei stellt sich schnell die Frage, ob wir faktisch informiert sein wollen oder letztlich doch einen emotionalen Kick suchen.

Der Medienwissenschaftler Bernhard Pörksen sagt in seinem Buch *Die große Gereiztheit*: Die digitalen vernetzten Medien »treiben ganze Gesellschaften in Phasen rauschhafter Nervosität und der Verunsicherung hinein. Sie lassen Konflikte in Hochgeschwindigkeit eskalieren und erhalten sie am Leben, weil auf einmal alle ohne größere Schwierigkeiten mitzündeln und die einmal entstandene Aufregung immer wieder neu anfachen können.«[22] Wollen wir da mitmischen? Müssen wir es? Oder können wir versuchen, nach besten Kräften Informationen besonnen zu empfangen und nur geklärt und in einem offenen, liebevollen Geist weiterzugeben?

Eckhart Tolle erklärt, dass auch die Nachrichten oft den Schmerzkörper nähren – das individuelle und kollektive energetische Feld des angesammelten Leidens. Das hat mir geholfen, diese Meldungen als das zu sehen, was sie sind: eine von bestimmten Menschen getroffene Auswahl an Dingen, die in der Welt passiert sind, so aufbereitet, wie es diese Menschen jeweils für richtig halten. Es ist nicht die ganze Realität. Und ob es überhaupt Realität ist, kann ich nicht wissen. Und keinesfalls sollte es meine Realität verdrängen und das, was tatsächlich in meiner Lebenswirklichkeit stattfindet.

Es gilt im Großen wie im Kleinen, dass wir zu einem achtsamen Umgang mit den Medienangeboten aufgerufen sind, wenn wir bei Stimmung und bei Gesundheit bleiben wollen. Und wir müssen auch im Alltag nicht in alle Bewertungen einstimmen. »Die Hitze ist so furchtbar!«. »Der Regen ist schrecklich!«, »Die Kollegin ist faul!«. Wir können versuchen, die Aussagen erst in uns zu prüfen. Ist es wahr? Ist es für uns wahr? Wie ist es einzuordnen? Und was ist das Beste, was wir jetzt tun können? Mitjammern und Mitschimpfen kam bei mir dabei bisher noch nie als Antwort.

Im Laufe der Jahre bin ich auch immer achtsamer geworden, was meine Sprache betrifft. Denn ich habe bemerkt, dass mich viele Dinge schmerzen, die ich aus Gewohnheit oder Unreflektiertheit sagte. Sie waren vielleicht cool oder hatten irgendwann mal versucht, mich in ein günstiges Licht zu rücken. Aber sie taten mir weh, weil sie nicht wahr waren oder aggressiv. Mit Worten kann man sehr verletzen – andere und auch sich selbst.

Wie fühlt sich die Schwingung an?

Öffne dich ab und an ganz bewusst den Schwingungen von dem, was um dich herum ist. Spüre mit empfangsbereiten Antennen, mit offenen Zellen, wie sich die Musik, die TV-Show, die Nachrichtensendung für dich anfühlt, und entscheide dann, ob du dich dieser Energie weiter aussetzen willst. Wenn nicht, dann befreie dich davon: Schalte den Fernseher aus, wechsle zu Meldungen ohne bewegte Bilder und Töne, leg eine andere Musik ein oder schalte alle Geräte ab, um mit dir und der Stille zu sein.

Natürlich verändern uns all die neuen technologischen Möglichkeiten, die sich so rasant auf der Erde und in unserem Alltag ausbreiten. Georg Milzner beschreibt in seinem Buch *Wir sind überall, nur nicht bei uns*, dass die neuen Kommunikationstechnologien sogar uralte, wichtige Mechanismen in uns aushebeln. Der Reflex, beim Piepsen des Handys sofort kurz nachzuschauen, ist so groß, dass Eltern schon ihre Kinder auf dem Spielplatz verunglücken ließen. Es piept, klongt oder zwitschert, der Erwachsene wendet sich vom Kind ab und schaut nach – derweil ist das Kind schon von der Rutsche gefallen.

Es ist aus meiner Sicht weder Dummheit noch böse Absicht der Einzelnen, was da mit uns geschieht. Wir ticken einfach so, dass wir alles wissen wollen, was geschieht, um sicher zu sein. Dass wir hinschauen, wenn es blinkt, und den Kontakt zur Gruppe um keinen Preis verlieren wollen. Dumm wird es, wenn wir nichts daraus lernen und einfach so blind weiter in die neuartigen Fallen hineinlaufen. Einen gesunden Umgang mit den Medien zu lernen, ist zu einem wesentlichen Teil der persönlichen und auch kollektiven Selbstfürsorge geworden. Die Aufmerksamkeit regelmäßig auf uns selbst und unser wirkliches Befinden zu richten, dürfte immer neu der erste Schritt sein. In Resonanz mit uns selbst und unserem realen, körperlichen Umfeld zu gehen, holt uns zuverlässig aus der Falle. Immer wieder neu.

Die endlose Vielfalt
liebevoller Begegnungen

Als Mensch, der das Für-sich-Sein sehr schätzt, weiß ich, wie wichtig die Verbundenheit mit anderen ist. Und als Mensch, der zeitweise viel allein ist, weiß ich, in welch reichen Facetten diese Verbundenheit gelebt werden kann. Sie geht weit über Partnerschaft, Familie und Freundschaften hinaus. Sie kann auch Nachbarn und Kollegen umfassen, Menschen, bei denen wir einkaufen oder einen Kaffee trinken gehen, und sogar Fremde, mit denen wir in einen kurzen Austausch voller Resonanz gehen. Ich habe all das in meinem Buch zum Alleinsein ausführlich beschrieben und dort gesagt: »Dem Gehirn ist es relativ egal, wer die guten Botenstoffe auslöst, die einem herzlichen Lächeln folgen, einem guten Witz oder einem Moment des gegenseitigen Verstehens. Und die davon ausgelöste positive Stimmung macht das Leben immer auch reicher an weiteren Begegnungen.«[23]

Lass das Geheimnis der Verbundenheit daher in deinem Leben wirksam werden, indem du all die Begegnungen, die geschehen, ob groß oder klein, bewusst wahrnimmst und mit Freude und Zuneigung füllst. Und vergiss dabei nicht: So viele Menschen weltweit streben nach Liebe und Frieden, ob sie sich politisch engagieren oder ökologisch, ob sie heilerisch aktiv sind oder an ihrem Bewusstsein arbeiten, um ihre eigene Welt zu erhellen, die auch die Welt von uns allen ist. Oder ob sie einfach nur freundlich und hilfsbereit sind zu jedem, der ihnen begegnet. Sich mit all diesen Menschen zu verbinden und in einer großen

Family verbunden zu wissen, das fühlt sich ungeheuer kraftvoll und schön an, liebevoll und zuversichtlich. Es ist nährend für alle.

Andere erfreuen

Auf einer Zugfahrt wollte ich mir im Bordbistro einen Tee holen. Der Angestellte dort war heillos überfordert. Ich stand minutenlang als einziger Gast an der Theke und wartete. Der Mann schrieb und rechnete irgendwas, die Küche stand voller schmutzigem Geschirr und ab und zu rief er seinem Mitarbeiter, der in der Kühlbox kramte, etwas wegen Tisch vier zu – immer wieder das Gleiche. Ich war bald genervt und spürte den Ärger in mir, hier so unbeachtet herumstehen zu müssen, während er es nicht auf die Reihe bekam. Eine Welle der Wut kam in mir hoch, doch ich war zum Glück in der Lage, sie einfach nur zu fühlen. Ich sah mir den Mann an. Er bemühte sich redlich, hatte sogar Schweißperlen auf der Stirn.

Irgendwann machte er mir meinen Tee, und aus einem inneren Impuls heraus gab ich ihm ein nettes Trinkgeld. In dem Moment, wo er das Geld zählte, schien er zu sich zu kommen – er schaute etwas erstaunt auf, dankte, lächelte und ich meinte ein Aufatmen zu bemerken. Die Abwärtsspirale war unterbrochen. Bei uns beiden. Er hatte das Trinkgeld im herkömmlichen Sinne nicht »verdient«, doch ich wollte es ihm geben, um dieses Hin und Her im Unmut zu unterbrechen. Wir verabschiedeten uns freundlich – und zumindest ich hatte für den Rest der Fahrt eine richtig gute Stimmung: Ja, es ist möglich, mit kleinen Gesten für mehr Wohlbefinden zu sorgen. Und die Begegnungen, in denen es klappt, sind wundervoll. Auch das kann Selbstfürsorge sein: andere »glücklich machen« und stets für die Liebe ringen, die sich in jeder Begegnung offenbaren kann – zumindest im eigenen Herzen.

Die Kraft des Dankens

Sicher kennst du das gute Gefühl, das deine eigene Dankbarkeit in dir auslöst. Vielleicht möchtest du dir daher angewöhnen, deinen Dank viel häufiger zu äußern – direkt im Gespräch, per Mail, Postkarte oder sogar mit einem Blumenstrauß, wie man ihn auch quer durch die Republik bestellen kann. Spüre dabei vor allem die eigene Freude an dieser Aktion. Und dann, falls eine Antwort kommt, noch mal.

Natürlich sind Beziehungen nicht immer unbeschwert. Doch es gibt unzählige Möglichkeiten, alte Missverständnisse aus dem Weg zu räumen, die Verbundenheit neu zu beleben und Altes zu vergeben. Versöhnung, vor allem mit uns selbst, gehört unbedingt zur Selbstfürsorge.[24] Getan ist es wohl dann, wenn wir begreifen und wirklich spüren, dass es gar nichts zu verzeihen gibt. Denn jeder Mensch tut zu jeder Zeit das, was er in seinem derzeitigen Bewusstseinszustand tun kann. Anders geht es nicht.

Wir erhalten eine große Stabilität daraus, wenn wir selbstfürsorglich auf unseren eigenen Füßen stehen und uns zugleich mit vielen anderen liebevoll verbunden fühlen. Dann sind wir in einem Netz getragen und gehalten – und halten die anderen in diesem Netz mit unserer Kraft ebenso. Zugleich erfahren wir mit dieser Offenheit, dass es viel mehr Momente des Umsorgtwerdens gibt, als uns sonst meist bewusst ist: Fremde, die uns in einem schweren Moment anlächeln; Männer, die uns den Koffer die Treppe zum Bahnsteig hinauftragen; Informationen, die uns der Postbote oder das Internet wie durch Zufall im exakt passenden Moment übergibt … Nutze all das und würdige es. Gönn dir alle nur denkbaren Hilfen, nimm sie an, genieße sie. Und suche sie, organisiere es dir, umsorgt zu werden, wenn es dir nötig erscheint. Jemanden um Hilfe oder mehr aktive Mitarbeit zu bitten, auch das ist Selbstfürsorge.

Über die Menschenwelt hinaus

Ich lebte für einen Monat in einer fremden Stadt und hatte an diesem Abend etwas Heimweh. Da entdeckte ich an der Fensterscheibe in der Küche eine Fliege und einen Marienkäfer – mitten in der herbstlichen Großstadt. Und: genau wie zu Hause. Diese beiden Tierchen hingen im Oktober oft gleichzeitig bei mir an den Fenstern. Ich war ihnen in diesem Moment seltsam dankbar – wie zwei Boten aus der Heimat. Sie lösten wieder dieses Gefühl in mir aus, mich überall zu Hause fühlen zu können, solange ich Vertrautes entdeckte.

Resonanz und Verbundenheit lassen sich nicht nur mit anderen Menschen empfinden. Gerade in Phasen des

Alleinseins merken viele, dass sie sich deutlich weiter verbunden fühlen können als nur unter anderen Männern und Frauen. Wir können uns intensiv mit der Natur verbunden fühlen, mit Landschaften, Gewässern, Tieren und Bäumen, genauso aber auch mit Gebäuden, mit Kunstwerken und deren vielleicht schon längst verstorbenen Schöpfern. Wir können in Resonanz mit dem Geistigen gehen, ob es sich uns als Engel, als Heilige, als Krafttier oder einfach als Energie zeigt. Wenn wir eine solche Resonanz spüren, sind wir berührt und offen, gegenwärtig und zutiefst lebendig. Und oft ergeben sich daraus Botschaften für unser Leben, die vieles verändern.

Wurzeln und Fundamente

Geh zu einem Baum, den du magst oder der dir auffällt, und nimm Kontakt mit ihm auf. Lass dir Zeit. Lenke deine Wahrnehmung auf seine Wurzeln, die tief in die Erde reichen. Spüre nach, wie es sich anfühlt, so fest verwurzelt zu sein.

Betrachte dann ein Haus mit seinen Fundamenten. Empfinde auch hier die Verwurzelung nach.

Setz dich anschließend auf eine Parkbank oder zu Hause aufs Sofa und spüre deine eigenen Wurzeln. Wo bist du verwurzelt im Leben? Was sind deine Fundamente?[25]

Vom Biophilia-Effekt spricht Clemens Arvay und meint damit zum Beispiel die Heilkraft des Waldes, die seit den Büchern von Peter Wohlleben und dem »Waldbaden«

immer mehr Menschen bewusst wird. Arvay nennt die Natur den »grünen Therapeuten«. Und es braucht nicht mehr, als dass wir uns zu ihm begeben und dort versuchen, still zu werden und nichts mehr tun oder erreichen zu wollen. Die Natur macht es dann schon, dass wir wieder zu uns kommen und uns besser fühlen – klarer, geerdet, zuversichtlich.

Im Leben zu Hause sein

Das größte Missverständnis in Sachen Verbundenheit zeigen uns heutzutage wohl die sogenannten Helikoptereltern auf. Sie »lieben« ihre Sprösslinge so abgöttisch, dass sie dafür zu sorgen versuchen, dass ihnen nichts und niemand ein Haar krümmt. Zugleich trimmen sie sie in Förderkursen von klein auf, damit sie in der Welt einmal all das können, was für den Erfolg gebraucht wird. Sie rauben ihnen damit im Extremfall die Kindheit und – wie erste Studien belegen – die Möglichkeit, ein lebenstüchtiger Mensch zu werden. Denn das ist jemand vor allem dann, wenn er weiß, wie man Schwierigkeiten löst, wie man Niederlagen wegsteckt und weitergeht, wie man sich in Herausforderungen aller Art bewährt und selbstwirksam neuartige Lösungen kreiert.

Es gibt ein Spannungsfeld, das natürlicherweise zu unserem Leben gehört: Wir brauchen Verbundenheit und Wachstum gleichermaßen. Wir müssen uns verbunden fühlen, eingebettet in ein tragfähiges soziales Netz, und wir müssen uns entwickeln können, uns frei entfalten und autonom wachsen. Diese beiden Bedürfnisse sind elementar, wir haben bereits im Mutterleib erlebt, dass beides zusammen möglich ist – dort waren wir aufs Engste verbunden und sind immer neu ein Stückchen über uns hinausgewachsen. Genau das wollen wir auch im Leben als Kinder, als Jugendliche und als Erwachsene. Und wenn uns das möglich wird, dann sind wir erfüllt und zufrieden, dann kann unser Leben gelingen.

Das allerdings kann es nicht, wenn wir nicht wachsen dürfen (wie Kinder, die ständig unter Bewachung und unter Bevormundung stehen), und ebenso wenig, wenn wir uns isoliert und verlassen fühlen. Wir brauchen beides – und dieses Spannungsfeld im Bewusstsein zu haben, hilft sehr dabei, das eigene Im-Leben-zu-Hause-Gefühl zu etablieren.

Wachstum und Verbundenheit

Als ich kürzlich in einem meiner Glückstagebücher blätterte, las ich einen Eintrag, den ich tatsächlich vergessen hatte. Doch ich brauchte nur ganz wenige Worte zu lesen, um mich zu erinnern, um die Gefühle von damals, die Geräusche und die tiefere Bedeutung dieses Momentes wieder präsent zu haben: Es war bei einem Wintersonnwendfeuer mit Freunden am Fluss. Nach dem eigentlichen Ritual hatte ich mich etwa zehn Meter weg von den anderen direkt ans Wasser gehockt und dem nächtlichen Plätschern der Isar zugehört. Es berührte mich sehr, es belebte die eigentümlich schöne Verbundenheit zwischen mir und diesem Fluss neu. Die anderen standen oder saßen im Kreis um das Feuer und hörten zu, wie eine Frau ein Märchen erzählte. Ich war zutiefst beglückt, denn dieser Moment machte mir etwas klar: Ja, ich kann tatsächlich für mich sein und zugleich verbunden – mit der Natur ebenso wie mit den Freunden dort am Feuer. Es ist beides möglich. Und es ist wunderschön, es zu erleben.

Es war ein Moment tiefer Erfüllung, der mir zeigte, dass ich dieses Spannungsfeld der beiden Grundbedürfnisse insgesamt in meinem Leben mittlerweile sehr gut austariert hatte und wusste, wie ich weiter dafür sorgen konnte: vor allem, indem ich mich gut um mich selbst kümmerte und meine Bedürfnisse ernst nahm.

Hilfe wartet überall

Wenn es eine Hürde zu meistern gibt, schließ die Augen, werde still und frage nach innen oder einfach in den Raum: »Ist da jemand, der mir helfen kann?«

Spüre und lausche, was sich zeigt. Vielleicht die Stimme eines inneren Anteils, eines Verwandten, der in deiner Kindheit für dich von Bedeutung war, eines Wesens in Tier- oder Engelgestalt. Vielleicht antwortet auch eine Zimmerpflanze oder ein Baum vorm Fenster, vielleicht ein Stern. Lass dich überraschen. Lass dich finden, von der Grundenergie der Hilfe, die einfach da ist. Von dem Feld an Möglichkeiten, das zu dir sprechen kann.

Vertrauen

Gerade in den schwierigen Momenten des Lebens brauchen wir sie: die Selbstfürsorge, die uns voller Mitgefühl in den Arm nimmt und uns zuflüstert, dass alles gut wird. Wir brauchen das Vertrauen ins Leben, das uns meist nicht in den Schoß fällt. Vielmehr erwächst es genau daraus, dass wir lernen, immer besser mit Krisen umzugehen. Diese Art von Resilienz zu entwickeln ist nachhaltige Selbstfürsorge.

Aktiv Vertrauen entwickeln

Wir sagen uns selbst oder anderen so oft, dass wir Vertrauen haben sollten – doch wo nimmt man es her, wenn es eben gerade nicht spürbar ist? Wenn die Sorge überwiegt? Die Angst sogar? Wie viel Grundvertrauen ein Mensch hat, scheint zum Teil Veranlagung zu sein und ist zu einem anderen Teil durch frühkindliche Erfahrungen geprägt. Die waren entweder so, dass einem die Welt seither als vertrauenswürdig erscheint, oder so, dass man vorsichtig wurde: zaghaft oder kämpferisch, misstrauisch oder apathisch.

Die gute Nachricht ist, dass man als Erwachsener aktiv dafür sorgen kann, mehr Vertrauen zu entwickeln: in sich selbst, in andere, in die Welt, ins Leben. Ich möchte dazu ein paar Wege vorstellen, die mir zunehmend dieses Vertrauen geschenkt haben und weiter schenken. Dass es sich lohnt, solche Wege zu suchen, liegt auf der Hand: Gehen wir vertrauensvoll an das Leben in all seinem Auf und Ab heran, fühlen wir uns ihm gewachsen. Wir sind in einer freundlichen Partnerschaft mit ihm, trauen uns selbst etwas zu und sind voller Freude über das Potenzial, das wir bereits wachgerufen haben, und über die Kräfte, die wir künftig noch wachküssen dürfen.

Lösungsorientiertheit

Eine ganze Zeit lang dachte ich, dass dieses Kapitel – dieses Geheimnis des liebevollen Umgangs mit sich selbst – »Lösungsorientiertheit« heißen sollte. Es ist tatsächlich eine ungemein wertvolle Qualität, bei allem, was geschieht, auf eine gute Lösung orientiert zu sein. Das gibt Mut, das gibt Kraft, das verhindert, in einer Opferhaltung zu verharren und zu lange in einem Sumpf stecken zu bleiben. Wer sich in einer herausfordernden oder als schwierig erlebten Situation auf die Möglichkeit einer Lösung fokussiert, der wird so gut wie immer eine Lösung erleben. Die wird nicht unbedingt so aussehen wie erwartet – sie wird oft sogar viel besser sein. Überraschend. Ungewöhnlich. Ein dankbares »Wow!« hervorrufend. Und genau so entsteht meiner Erfahrung nach einer der wirklichen Pfeiler eines gelingenden Lebens: Vertrauen. Wir haben damit die Erfahrung in uns abgespeichert, dass es für unsere Schwierigkeiten Lösungen gibt und Antworten auf unsere Fragen.

Schwierige Umstände führen dazu, dass wir eine Lösung finden müssen. Das beginnt in der Kindheit. Wenn es uns dort zu leicht gemacht wird – wenn die Eltern wie Helikopter über uns kreisen, um uns vor jeder Schwierigkeit zu bewahren –, dann mag das bequem sein, es mag sich sogar wie Liebe anfühlen. Aber es verhindert, dass wir lernen, Schwierigkeiten zu meistern. Unser Gehirn, unser ganzes Wesen kann dann nicht viel ausprägen, was uns im späteren Leben bei all den Unwägbarkeiten hilft, die unweigerlich kommen werden. Es ist also keinesfalls das bessere Leben, in dem alles gut und plangemäß läuft. Es ist das bessere Leben, in dem wir wachsen und reifer werden, stärker und damit auch vertrauensvoller unseren eigenen Fähigkeiten gegenüber. Gerald Hüther sagt in seinen Vorträgen oft schmunzelnd: »Je mehr Probleme Sie haben, umso besser.« Sie dürfen nur nicht zu groß sein. Sie müssen lösbar sein. Mit Anstrengung, aber lösbar.

Bereits Kinder brauchen Probleme, um daran zu wachsen. Die Aufgabe von Eltern und Erziehern ist es, dafür zu sorgen, dass die Probleme der Kinder nicht zu groß sind. Aber sie ihnen ganz wegzunehmen, das wäre der falsche Weg. Ebenso natürlich, wie ihnen aktiv Probleme zu machen. Das Leben liefert sie von allein.

Beten

Nach einer Lösung zu suchen, kann die vielfältigsten »Techniken« einschließen: nachdenken, Freunde fragen, lesen, recherchieren, Profis zur Beratung aufsuchen, orakeln ... und eben auch beten. Dazu musst du keiner Konfession angehören und auch keinen »lieben Gott« ansprechen. Für mich ist Beten ein Stillwerden. Ich richte mich in dieser Stille ganz auf das Höchste aus, auf das Leben selbst, auf das Formlose. Und dann bin ich damit. Mehr nicht. Wenn es mir wirklich gar nicht gut geht, formuliere ich Worte und bitte um Hilfe. Oder ich danke einfach dafür, dass ich weiß: Es wird sich wieder ändern. Auch das geht vorbei.

Ich möchte dich von Herzen ermutigen, es auszuprobieren, auch wenn du bislang nie gebetet hast. Diese Zwiesprache mit dem Höchsten ist ungeheuer erleichternd und nachher zeigt sich ziemlich sicher eine Veränderung in dem, was dich gerade bewegt. Sie zeigt sich in dir. Du hast abgegeben. Du trägst deine Last nicht mehr allein. Zu spüren, dass ein solches Abgeben möglich ist, verstärkt das Vertrauen ins Leben wie kaum etwas anderes.

Ich erlebe mich als sehr lösungsorientiert. Stets suche ich nach dem Weg, der sich gut anfühlt und stimmig ist, der es wieder leicht werden lässt und zum Gelingen führen kann. Und irgendwie weiß ich, dass es diesen Weg gibt. Ich weiß, dass es eine Lösung gibt. Aber ich suche sie nicht in der Zukunft. Denn dorthin kann ich nur projizieren, was ich schon kenne. Ich suche sie im Jetzt – oder besser: Ich öffne mich im Jetzt für sie. Und dann lasse ich los. Denn ich weiß ja momentan offenbar noch nicht, was der beste Weg wäre. Ich vertraue aber darauf, dass er sich zeigen wird. Es ist so, als würde ich meinen Alltag weiterleben, während eine tiefere Instanz in mir einfach dranbleibt –

unaufhörlich die Möglichkeiten scannend. Ab und zu nehme ich mir einen Moment, um mich mit ihr abzustimmen. Ich werde still und schaue, wo ich in der Sache stehe. Und eines Tages dann, wenn ich gar nicht daran denke, präsentiert sich die Lösung. Mir schießt beim Aufwachen eine Idee in den Kopf, mir begegnet jemand oder etwas mit der Antwort, oder die Umstände verändern sich von allein. Es ist gelöst. Begeisterung düngt mein Gehirn und ich habe erneut Vertrauen gewonnen.

Selbstregulation – herrlich entspannend!

Der Körper macht vieles selbst. Wenn wir ihm die Zeit und möglichst etwas Ruhe lassen, geht es noch besser. Die Seele, die Psyche, sie tun es auch: Das Leben schickt uns dann vielleicht einen Traum – und wir wissen weiter oder fühlen etwas Neues, was uns aus dem Alten entlässt. Oder wir haben beim Spazierengehen eine Idee, die unsere Gedanken auf eine nie betretene Fährte führt – und auf genau dieser Fährte präsentiert sich uns die Lösung eines lang begrübelten Problems. Wenn du auf solche Prozesse achtest und deine Vergangenheit daraufhin untersuchst, wird das dein Vertrauen in die Selbstregulation deines Wesens und des Lebendigen überhaupt stärken. Du brauchst dich nicht überall einzumischen. Lass das Leben machen. Es hat aus wild im All herumfliegender Materie unseren Planeten erschaffen und alles, was auf ihm lebt und liebt und singt und Geige spielt. Es dürfte mit deinen persönlichen Herausforderungen klarkommen.

Und es schickt dir sogar jede Menge Zeichen, die zu lesen sich lohnt. Eigentlich ist jede Begegnung, jedes Ereignis etwas, in dem du »lesen« kannst. Insbesondere die schon erwähnten Träume können dir helfen, deinem eigenen System vertrauen zu lernen. Sicher kennst du diese seltenen, besonderen Träume, mit denen dir plötzlich etwas klar wird. Sie zeigen dir, dass alles an dir – ob bewusst oder unbewusst – daran arbeitet, dass es dir gut geht. Jede Zelle sucht nach einer Lösung für deine Probleme. Das Gehirn ist höchst interessiert daran, die Kohärenz – also die ausgeglichene Schwingung zwischen Vorstellung und Realität – wiederherzustellen, die nur da ist, wenn es dir gut geht und keine harten Nüsse zu knacken sind.

Ich hatte zum Beispiel in einer recht schnelllebigen und stressigen Phase mal einen eindringlichen Traum von einer Katze (Katzen sind die Tiere, denen ich mich wohl am nächsten verbunden fühle). Ich fuhr mit einer Freundin mit dem Auto von irgendwo weg und eine Katze lief dem Auto hinterher. Ich wunderte mich, war berührt … und brauchte dennoch einige Hundert Meter, bis ich die Freundin endlich bat, anzuhalten, die Tür öffnete und die Katze hereinließ. Sie kuschelte sich sofort auf meinen Schoß und ich spürte, wie ausgekühlt und entkräftet sie war. Ich wurde überflutet von Mitgefühl, Berührtheit und auch einem Schrecken, warum ich mich nicht eher um sie gekümmert hatte. Ich wachte mit diesem Gefühlsmix auf, der mich noch den ganzen Tag über begleitete – und der feste Entschluss, ab jetzt jede Gelegenheit zu nutzen, gut für meinen Körper, für Genuss, für das »schnurrende Wesen« in mir zu sorgen, war gefasst. Und es begann damit tatsächlich eine leichtere, freiere und selbstfürsorglichere Phase, auch wenn mich das Umsetzen dieser Selbstliebe so manches Mal Mut kostete. Dann entschied ich mich aktiv für einen freien Tag, statt am aktuellen Projekt dranzubleiben, für Feierabend, statt Überstunden zu machen. Es funktionierte, es war gar kein Problem. Ich schaffte am Ende alles, was auch in dieser Hochphase nötig war, ohne mich zu quälen.

The Work und das »freundliche Universum«

Bleiben wir ein wenig beim Thema Stress und Überforderung, weil wohl die meisten von uns zumindest phasenweise damit zu tun haben. Ich möchte an diesem Beispiel eine Methode vorstellen, die hier schon mehrfach anklang und die mir bereits ungezählte Male ihr Potenzial offenbart hat, wirklich alles im Leben zu verändern, es zu vereinfachen und die Schwierigkeiten in Liebe aufzulösen. Eben auch das Stressthema. Denn das kenne ich nur zu gut. Ich erinnere mich an einen Abend, an dem ich mich wieder einmal enorm gestresst und erschöpft fühlte. Ich hing mit der Arbeit hinterher und wenn ich auf die kommenden Tage schaute, wurde mir schlecht. Wie sollte ich das alles bewältigen? Der Kalender füllte sich ständig neu, wie von Geisterhand. Und ich hastete hinterher – hinter Terminen, Erledigungen, Treffen. Es schwächte mich. Schon so lange versuchte ich, mehr freie Zeit zu haben – doch konnte ich es Erfolg nennen, was sich daraus bisher entwickelt hatte? Zum Glück kannte ich ein wirksames

Mittel in so einer sorgenvollen Stimmung: The Work von Byron Katie. Sie setzt dort an, wo unsere Schwierigkeiten entstehen: bei unseren Gedanken, bei unseren Bewertungen der Dinge, der anderen Menschen und von uns selbst.

The Work

Du kannst deine Gedanken mit der Work von Byron Katie überprüfen. Dazu identifizierst du zuerst einen Gedanken, der dir Stress macht. Das kannst du in einem Moment der Sorge oder des Unwohlseins zum Beispiel mit der einfachen Frage tun: »Was muss ich glauben, um mich jetzt schlecht zu fühlen?« Vielleicht taucht dann ein Satz auf wie: »Sie hat mir wehgetan.« Oder: »Er sollte sich mehr um mich bemühen.« Oder: »Ich will das alles nicht mehr!« Oder: »Ich sollte fit und leistungsfähig sein.«

Diesen Satz überprüfst du nun mit den folgenden vier Fragen, es sind immer die gleichen:

1. **Ist das wahr?** (Hier lautet die Antwort schlicht Ja oder Nein. Bei Nein gehst du weiter zur dritten Frage.)
2. **Kannst du mit absoluter Sicherheit wissen, dass das wahr ist?** (Auch hier einfach Ja oder Nein.)
3. **Wie reagierst du, wenn du den Gedanken glaubst?** (Spüre in dich hinein, was der Gedanke in dir auslöst. Welche Empfindungen, weiteren Gedanken, Handlungen oder auch inneren Bilder folgen ihm?)
4. **Wer wärst du ohne den Gedanken?** (Spüre nun in dich hinein, wie du wärst, wenn es den Gedanken nicht gäbe.

Wenn es nicht möglich wäre, diesen Gedanken zu denken: Wer wärst du dann?)

Umkehrung: Finde nun Sätze, die das Gegenteil deines ursprünglichen Satzes sind. Aus »Sie hat mir wehgetan« wird dabei: »Sie hat mir nicht wehgetan«, »Ich habe ihr wehgetan« und »Ich habe mir wehgetan«. Überprüfe, ob diese Umkehrungen wahr sein könnten, und finde Beispiele dafür.

Nutze diese Fragen nicht mechanisch, sondern lass die Überprüfung zu einer Meditation werden. Stell dir die jeweilige Frage und lausche nach innen, welche Antwort in dir aufsteigt. Lass den Verstand auf Entdeckungsreise gehen. Die Work hilft ihm, die Dinge auf ganz neue Weise zu sehen – und das entspannt ihn. Es kann deine Sichtweise auf die Angelegenheit und letztlich dein ganzes Leben wandeln.[26]

An diesem Abend der trübsinnigen Gedanken und der stark empfundenen Schlappheit nutzte ich also mein Lieblingsinstrument, The Work. Ich arbeitete mit dem Satz: »Ich sollte fit und leistungsfähig sein.« Denn der stand mit einem dicken Ausrufezeichen vor mir und versperrte mir die Sicht auf jegliche Zuversicht, jegliches Schöne.

Los geht's:

1. **»Ich sollte fit und leistungsfähig sein.« Ist das wahr?**
   Ich werde still und spüre nach. Ist es wahr? Sollte ich aktuell fit sein? Ja. In mir ist ein Ja. Eindeutig. Klar, ich muss doch meine Arbeit schaffen.

2. »Ich sollte fit und leistungsfähig sein.« Kann ich mit absoluter Sicherheit wissen, dass das wahr ist? Ich spüre erneut in mich hinein. Diese Frage will es genau wissen. Ich spüre, wie sich in mir etwas ausweitet, wie der Verstand die Kreise vergrößert, in denen er nach der Wahrheit sucht … Und dann ist da ein Nein. Absolut sicher wissen kann ich es nicht. Es könnte für sonst etwas gut sein, dass ich zurzeit träger bin, ruhebedürftig und einfach groggy. Also: Nein.

3. »Ich sollte fit und leistungsfähig sein.« Wie reagiere ich, wenn ich diesen Gedanken glaube? Fast augenblicklich spüre ich eine ungeheure Schwere auf mir lasten. Die Schultern drückt es nach unten, ich kann kaum atmen, weil ein Felsbrocken auf meiner Brust zu sitzen scheint. Zugleich versuche ich mich anzutreiben, weiterzumachen, mich fit zu zeigen und Leistung zu bringen. Ich zähle mir innerlich alle Aufgaben und Termine auf, die vor mir liegen, und suhle mich gleichzeitig voller Selbstmitleid in meinem Elend und meiner Schwäche. Eine kaum auszuhaltende Spannung. Und: Ich mache mir Vorwürfe, dass ich das alles nicht besser hinbekomme.

4. »Ich sollte fit und leistungsfähig sein.« Wer wäre ich ohne diesen Gedanken? Ich atme auf. Zum ersten Mal seit Tagen erlaube ich mir, mich fallen zu lassen. Ich sitze hier, fühle mich matt – und es ist okay. Ohne diesen Gedanken spüre ich Mitgefühl mit mir selbst und den tiefen Wunsch, mich jetzt einfach in Ruhe zu lassen. Und es ist auch Zuversicht da, dass schon alles irgendwie werden wird.

Umkehrungen:

- »Ich sollte *nicht* fit und leistungsfähig sein.« Wie könnte das wahr sein?

    – Nun, ich bin es momentan nicht. Und das hat seine Gründe. Es wäre unsinnig, es von mir zu verlangen, wenn ich es eben nicht bin. Wenn ich es nicht verlange, geht es mir viel besser.

    – Jetzt gerade ist Abend, ich habe heute viel getan – ich muss jetzt nichts mehr leisten. Ich brauche also nicht fit sein, ich geh jetzt eh gleich schlafen.

    – Diese Umkehrung stimmt auch deswegen für mich: Wenn ich fit wäre, würde ich einfach weiterarbeiten und machen und tun, ohne nach links oder rechts zu schauen. Das fühlt sich falsch und schräg an. Es würde mich verschleißen. Es wäre gegen meine Natur.

- »Ich sollte schlapp und müde sein.« Das absolute Gegenteil der ursprünglichen Aussage. Wie könnte das wahr sein?

    – Es stimmt wirklich. Dass ich mich jetzt so kaputt fühle, hilft mir, mal innezuhalten, mal nachzuspüren, was ich eigentlich will und was mir guttun könnte. Es ist der Anlass, etwas zu verändern. Wenn ich mich fit und leistungsfähig fühlen würde, würde ich einfach immer so weiter versuchen zu funktionieren. Dann würde ich schlimmstenfalls nur leisten und leisten – und mich ganz am Ende fragen, was das alles sollte. Ich würde mein Leben verpassen.

    – Ich spüre dadurch den Mut in mir, wirklich mal etwas zu wagen, was mich aus dem Hamsterrad herausholt.

- Nach dem, was ich in der letzten Zeit alles zu tun und auch emotional zu verarbeiten hatte, ist es gesund, sich jetzt schlapp zu fühlen. Ich bin ja keine Maschine.
- Es ist schön, weil es mich ins Mitgefühl mit mir selbst und mit allen, die sich auch schlapp fühlen, bringt. Das ist viel menschlicher, als wenn ich weiterhin fit wäre.

Am Ende dieser Work war ich ganz still geworden. Ich fühlte mich so sehr bei mir und mit mir wie schon lange nicht mehr. Ich spürte, dass alles in Ordnung war. Das Leben wollte mich nicht ärgern oder bestrafen. Das Universum war freundlich, ich hatte es nur nicht erkennen können. Und auch ich selbst hatte nichts falsch gemacht. Ich hatte so gelebt, wie es mir eben am besten möglich war. Und diese aktuelle Schwäche war ebenfalls ein Geschenk. Es zeigte mir eine Tür zu einem neuen Umgang mit mir selbst. Und diese Tür stand bereits einen Spalt offen.

Wie Byron Katie es beschreibt, beginnen wir durch das Worken »eine Liebesaffäre mit dem Selbst, die unsere ganze Welt verändert«. Dass die Work unglaublich tief und befreiend wirkt, wurde mir nicht nur in den Hunderten von Works klar, die ich bereits – allein und mit Begleitung – gemacht habe und durch die ich andere begleiten durfte. Ich verstand auch besser, was dabei passiert, als ich hörte, wie Gerald Hüther unsere Reaktionen auf Schwierigkeiten beschrieb. Ich war ja schon darauf eingegangen, dass er erklärt, wie unser Gehirn in den oberen, den jüngeren Bereichen in Aufruhr gerät, sobald unsere

Vorstellungen nicht mit der Realität übereinstimmen. Wir glauben – um im eben geschilderten Beispiel zu bleiben –, fit und leistungsfähig sein zu müssen, die momentane Realität zeigt jedoch, dass wir es nicht sind. Das sorgt für Stress, der uns nicht mehr so gut funktionieren lässt.

Was daher anspringt, sind ältere Muster, und die sagen: »Streng dich noch mehr an, reiß dich zusammen! Du musst es schaffen.« Wird die Überzeugung wie im Beispiel beschrieben hinterfragt, verändert sich nicht etwa die Realität. Wir bleiben so fit oder geschwächt, wie wir gerade sind. Es ändert sich unsere Bewertung. Wir sehen, dass es okay ist, wie es ist. Wir sehen die Vorteile im momentanen Zustand und die Folgerichtigkeit: Es kann momentan gar nicht anders sein und nichts anderes wäre besser. So entsteht neu die Kohärenz im Gehirn, die Harmonie, mit der es sich wohlfühlt. Und es entsteht Raum für neue, klügere Handlungs- und Seinsweisen.

Hast du Lust bekommen auf ein Leben in zunehmender Freiheit? Um intensiv ins Worken einzusteigen, könntest du dir deine Notizen hervorholen, die du zur Reflexion aus dem Kapitel »Das Verhalten folgt der Haltung« beim Geheimnis Begeisterung gemacht hast. Unter der Überschrift »Was sagen deine Gedanken?« hast du dort vielleicht schon einige Glaubenssätze notiert, die eine genaue Überprüfung wert sein könnten. Aber auch alle anderen Aussagen über deine Mitmenschen, dich selbst, die Politik, das Wetter, das Leben und die Welt sind bestens geeignet. Vor allem, wenn sie dich stressen und belasten.

Wenn man viel workt – oder andere Methoden nutzt, die den Geist weiten –, dann werden die engen Grenzen dessen, was man im Kopf zulassen kann, nach und nach aufgelöst. Immer mehr passt hinein ins eigene Weltbild, der Raum der denkbaren Möglichkeiten wird größer. Es gibt immer weniger im Außen, was mit unseren Vorstellungen in einen ernsthaften Konflikt geraten kann. Und so kommt es immer weniger zu dieser Kollision zwischen Vorstellung und Realität, die das Gehirn verwirrt und uns auf alte Reaktionsmuster zurückwirft. Das Gehirn ist immer stetiger in einer Kohärenz, die das Empfinden und das Leben leicht macht. Und doch wachsen wir, weil uns weiterhin Fremdes im Außen begegnet, das wir aber immer leichter integrieren können.

Das Nichtwissen und die Akzeptanz

Wir wissen so wenig. Wir wissen kaum etwas über die wahren Beweggründe im Handeln anderer – und meist nicht einmal bei uns selbst. Wir wissen wenig über Richtig und Falsch und über die wirklichen Folgen unseres Tuns. Gerade große Krisen, die sich später als Geschenk entpuppen, lehren uns, nicht immer das Augenscheinliche als einzig wahr anzusehen.

Meditation, Work oder auch die schamanischen Lehren betonen alle eins: die Kraft des Nichtwissens. Sich da hineinentspannen zu können, ist ein großes Geschenk, das ebenfalls Vertrauen schafft. Im Geist des Nichtwissens zu sein holt uns aus der Verstandeswelt heraus und hinein in das größere Ganze, in dem viel mehr möglich ist, als unsere »Schulweisheit sich träumt«. Wenn wir uns in diesem

Geist etwas einüben, wächst das Vertrauen, dass wir nicht »wissen« müssen, damit sich Dinge gut weiterentwickeln. Denn sehr, sehr oft können wir gar nicht wissen, was richtig ist. Und sehr, sehr oft handeln wir dennoch und rufen damit neue und schwerwiegendere Probleme auf den Plan.

Welches Misstrauen war unbegründet?

Nutze dein Tagebuch (das vielleicht ein Glückstagebuch ist, wie im Kapitel »Begeisterung« vorgestellt) auch als Vertrauensübung. Reflektiere jeden Abend, wenn du dir Notizen machst, ob sich an diesem Tag ein Misstrauen als unnötig herausgestellt hat. Vielleicht hast du gedacht, dass dich jemand nicht leiden kann – und dann hat dich dieser Mensch ganz unerwartet gefragt, ob ihr die Mittagspause zusammen verbringen wollt. Oder du hattest den Eindruck, dein neuer Nachbar wäre etwas zwielichtig – und dann kam er dir lachend mit zwei strahlenden Kindern entgegen. Oder du hast eine Steuernachzahlung erwartet – und stattdessen zahlt dir das Finanzamt sogar ein bisschen Geld zurück. Sei aufmerksam für die vielen kleinen positiven Überraschungen. Sie stärken dein Vertrauen ins Nichtwissen und ins Leben.

Vertrauen hat sehr viel mit Akzeptieren zu tun – Akzeptieren, was ist. Oder noch besser: »Lieben, was ist«, wie das bekannteste Buch von Byron Katie heißt. Lieben, was ist, was immer es auch sei. Auf dem Weg dorthin versuchen wir nicht laufend, die Welt zu manipulieren, sondern bleiben bei uns und unserer Wahrnehmung von der Welt. Dabei entwickelt sich eine große Kraft und unsere eigene Antwort auf die Frage: »Ist das Universum freundlich?« Schon Albert Einstein bezeichnete sie als die wichtigste Frage im Leben. Und Byron Katie widmet ihr seit ihrem Erwachen ihr ganzes Leben. Sie sagt, sie habe noch keinen einzigen Beweis dafür gefunden, dass das Universum nicht freundlich sei. Und sie bleibe weiter offen.

Nach und nach immer tiefer zu ahnen, für möglich zu halten oder gar zu wissen, dass wir in einem freundlichen Universum leben, in dem alles *für* uns geschieht – was könnte das Leben reicher, liebevoller und freier machen?

Schätze aus Krisen bergen

Wie aber steht es dann um das viele Leid und all die Krisen, die wir durchmachen? Viele Weisheitslehren und Weisheitslehrer sehen unsere Schwierigkeiten und unser Leid als das an, was die Evolution vorantreibt, unsere eigene und auch die der Menschheit. Eckhart Tolle betont in seinen Vorträgen oftmals das große Potenzial zum Aufwachen, das in jedem Schmerz steckt. Der bekannte amerikanische Geistliche und Autor Richard Rohr spricht von der Wichtigkeit der »Stolpersteine« in unserem Leben. Nur wenn wir zeitweise nicht bekommen, was wir wollen, oder wirklich nicht weiterwissen, entwickeln wir uns weiter und kommen wir heraus aus den alten Mustern und Vorstellungen. Anselm Grün schreibt, dass Gott uns in Krisen hineinführt, damit wir wachsen. Und er führt uns auch wieder hinaus, wenn es an der Zeit ist.

Viele Menschen sagen, dass sie ihren größten und schmerzhaftesten Krisen im Rückblick sehr viel zu verdanken haben. Viele sind genau dadurch »aufgewacht« aus einem Alltagstrott, der sie schon längst nicht mehr erfüllte. Sie haben sich auf den Weg gemacht, endlich sich selbst, ihre wahren Ziele und ihr wirkliches Potenzial zu leben. Andere haben die Macht der Stille kennengelernt, die Kraft, die darin liegt, sich ins Leben hineinzuergeben – weil die eigenen Kräfte nicht mehr trugen. So hat sie die Krise Vertrauen gelehrt.

Geschenke deiner Krisen

Nimm dir einen ruhigen Moment und denke einmal darüber nach, was dir deine bisherigen Lebenskrisen an Gutem gebracht haben. Was hast du aus diesen Zeiten gelernt? Was hat sich dadurch in deinem Leben zum Guten gewendet? Angenommen, das Universum wäre freundlich: Was wäre gut daran, dass du diese Krisen durchleben musstest?

Was mich seit dem Studium begleitet, ist das Wissen um die Dreiteilung eines jeden Übergangs – und eine Krise ist letztlich genau das: ein Übergang von einem Zustand in den nächsten. Wenn sie ausbricht, verlassen wir den alten Zustand, er trägt nicht mehr, aber der neue ist noch nicht da oder noch nicht spürbar, nicht erkennbar. Also hängen wir mehr oder weniger schlimm in der Luft und durchleben Ängste und Leid. Doch irgendwann ist das Neue entstanden und tragfähig. Wir haben uns mit der Situation angefreundet, oder es konnten neue Umstände im Außen hergestellt werden. Die »rites de passage« konnten zu einem guten Ende kommen. Und sie sind so alt wie die Menschheit selbst. Sie gehören zum Leben dazu. Sie sind weder eine Strafe noch ein Zeichen dafür, dass wir etwas falsch gemacht haben.

In guten wie in schlechten Zeiten

Menschen, die mit einer grundlegenden Lösungsorientiertheit ans Leben herangehen, weiten dies oft auch auf Heilung als Lebenssinn, Lebensziel, Lebenszweck aus: Sie haben dieses Grundgefühl, dass ihr Dasein den Sinn hat, die Evolution weiterzubewegen – und das heißt ganz wesentlich, dass es nicht darum geht, an Schwierigem zu leiden, sondern dafür Lösungs- und Heilungsmöglichkeiten zu finden.

Mit einer solchen Haltung kann es sich dennoch zeitweise so anfühlen, als würde man in einer Krise stecken bleiben. Als würde nichts mehr vorangehen und all die tollen Heilmethoden, die man schon kennengelernt und erprobt hat, nützen nichts. Ich habe mehrfach beobachtet, dass eine solche Phase die Vorbereitung für einen größeren Entwicklungs- oder Heilungsschritt ist. Manchmal muss das Thema noch mal vehement auf den Tisch gebracht werden, damit wir uns wirklich aktiv und in aller

Dringlichkeit darum kümmern – und dann plötzlich passiert es: Die Klärung erfolgt auf einer viel tieferen Ebene. Puzzleteilchen fallen zusammen und ergeben ein Bild, nach dem man jahrzehntelang gesucht hat. Eine Erkenntnis lässt die sprichwörtlichen Schuppen von den Augen fallen und wir begreifen die Zusammenhänge völlig neu und richten alles Weitere daran aus. Wenn die grundlegende Absicht Heilung ist, scheinen alle Zellen, alle Hirnwindungen, alle feinstofflichen Kanäle danach zu suchen – und natürlicherweise werden sie irgendwann fündig.

Sing dir ein Schlaflied

Wenn du abends nicht einschlafen kannst, weil dich Sorgen und Ängste belagern, sing dir ein Lied. Es muss niemand außer dir hören. Wenn du nicht allein schläfst, kannst du dafür auch noch mal ins Bad gehen. Es reicht, leise zu singen – denn es geht darum, dass es einfühlsam ist, wirklich ein Lied von dir zu dir. Du kannst ein dir bekanntes Lied singen oder ganz frei Töne und Silben formen. Vielleicht ist es nur ein Ton, der aus dir herauswill. Zart, liebevoll, tröstend. Lass sämtliche Ansprüche los, was »gutes« oder »richtiges« Singen sein müsste. Spüre in dich hinein und lass den Ton heraus, der da ist. Adressiere ihn an dich selbst, an dein sanftes, verletzliches, momentan sorgenvolles Wesen. Und spüre die Fürsorge, die darin liegt, für dich zu singen.

Das heißt nicht, dass eine lösungsorientierte Haltung alle unsere Wünsche erfüllt. Manchmal scheint fast das Gegenteil der Fall zu sein: Genau so, wie wir es uns wünschten – wie wir es uns also in unserer Vorstellung ausmalten –, kommt es nicht. Es kommt anders, sinnfälliger, stimmiger, und so erweitert es unseren Vorstellungsrahmen. Würden sich immer nur unsere Wünsche erfüllen, gäbe es nämlich auch keine Entwicklung. Wir blieben bei dem, was wir schon kennen – denn nur das ist wünschbar. Ich zum Beispiel bin sehr dankbar, dass ich so oft nicht das Gewünschte bekam. Wie wenig hätte von dem, was ich zeitweise unbedingt wollte, wirklich zu mir gepasst! Und was hätte ich stattdessen alles verpasst! So wie ich heute lebe und was ich alles erlebe – das hätte ich mir niemals wünschen können, weil ich keine Vorstellung davon hatte, dass das möglich ist. Heute würde ich sagen, es war wie ein Freischälen dessen, was ich wirklich sein will und sein kann. Und es ist noch längst nicht zu Ende.

Inneres Aufräumen

Narben tragen wir aus dem Leben hier auf der Erde alle davon. Bei manchen sind sie sichtbar, bei anderen gut verborgen, bei manchen zeigen sie sich am Körper, bei anderen in der Seele. »Rund« läuft das Leben immer dann, wenn wir Verletzungen wirklich aufarbeiten und ganz heilen lassen. Wenn wir die Wunden nicht notdürftig verschließen, sondern uns wirklich darum kümmern, dass sie in der Tiefe verheilen können. Bei körperlichen

Verletzungen ist das klar, und hier tut der Körper meist vorbildlich seine Arbeit. Doch es gilt umso mehr für seelische Verletzungen, für Kränkungen und Herabsetzungen, für enttäuschtes Lieben und Verrat. Es gibt heute unzählige Angebote, der Heilung Tür und Tor zu öffnen, allein und mit professioneller Unterstützung. Manche Wunden sind alt und sitzen tief, sie brauchen Zeit, während der wir sie versorgen. Andere sind klein und oberflächlich und wenn wir uns bald um sie kümmern, schnell vergessen.

Etwas zu tun gibt es in dieser Hinsicht wohl immer – auch im Hinblick auf das Aufräumen von all dem, was sich in Geist und Psyche durch den bloßen Alltag heute anstaut. Ansammeln und wieder aufräumen – es ist wie im Haushalt. Wer innerlich aufgeräumt ist, der lebt leicht, frei und freudig. Denn es quält ihn nichts von innen heraus. Die meisten der praktischen Anregungen hier im Buch kümmern sich um nichts anderes als darum. Selbstfürsorge heißt, die Müllhalde, zu der unser Wesen schlimmstenfalls im Laufe des Lebens geworden ist, in einen blühenden Garten zu verwandeln. Das braucht Zeit, das kostet manchmal viele Tränen, doch es ist vom ersten Schritt an schön, weil es in eine so wertvolle Richtung geht.

»Ganz lieb sein mit dir selbst«

Sei sanft mit dir, wenn es dir nicht gut geht. Vielleicht muss noch etwas zu Ende gebracht, der Job durchgestanden oder ein Gespräch mit Anstand fertig geführt werden. Doch dann zieh dich zurück und sei ganz für dich da. Es hat Gründe, warum du so bist, wie du bist, und warum du dich jetzt so fühlst, wie du es tust. Du musst dich um diese Gründe nicht unbedingt kümmern. Doch du darfst sanft mit dir sein wie mit einem Kind, das Kummer oder Schmerzen hat.

Die wesentliche Frage lautet jetzt: »Wie kann ich mir helfen? Was tut mir jetzt gut?« Was immer es ist, was sich als Antwort auf diese Fragen aus den Tiefen deines Seins bemerkbar macht – schau, ob du dir den Wunsch erfüllen willst und kannst.

Unsere Vergangenheit, der Quell vieler unserer Probleme, ist letztlich eine Geschichte, die wir uns wieder und wieder erzählen. Sie ist vergangen, doch wir rufen sie immer neu wach. Aber hat das wirklich einen Sinn? Nützt es uns?

Mir stellten sich diese Fragen, als ich mich mit meinem Bruder und meinen Eltern über ein Ferienerlebnis aus meiner Kindheit unterhalten wollte. Es war eine kleine harmlose Begebenheit, die mir in Erinnerung geblieben war – und sowohl mein Bruder als auch mein Vater erzählten eine völlig andere Version davon. Das, was ich noch so klar vor Augen hatte, meinten sie, sei nie passiert. Dafür erzählte jeder von ihnen eine wieder andere Version und beide konnten aus meiner Sicht niemals passiert sein. Wir kamen zu keiner gemeinsamen Erinnerung, obwohl wir damals alle Teil desselben Geschehens gewesen waren.

Mich machte das fortan kritisch meinen Erinnerungen gegenüber: Schließlich »erinnerte« ich auch einiges, was mich bis dahin belastete. Doch vielleicht war es nie so passiert, wie es in meinem Kopf herumgeisterte. Hatte es also

Sinn, es mir oder anderen weiterhin zu erzählen? Hatte es Sinn, es weiter als »Teil von mir« herumzutragen und mich darüber zu definieren? War nicht vielleicht alles ganz anders gewesen? Und war nicht vielleicht auch mein Anteil am Geschehen ein ganz anderer, als ich bisher immer glauben wollte? Mit solchen Fragen bewegte ich mich in Richtung innerer Freiheit und konnte in so manch belastendem Vergangenen das Gute finden. Es ist wohl immer ein wenig Gold in unserem Pech, und wenn wir es gefunden haben, können wir dankbar loslassen.

»Erwachtes Handeln« im Fluss des Lebens

Von Maitreyi Piontek und ihrer Arbeit für die tiefe Befreiung des Weiblichen habe ich einen Satz gelernt, der sich für mich schon oft als wertvoll erwiesen hat: »Wenn du es nicht fühlst, tu es nicht.« Ich wende ihn auf so ziemlich alles an. Wenn ich nicht fühle, einen Menschen treffen zu wollen, dann tue ich es nicht. Wenn ich eine Arbeit gerade nicht machen will, schaue ich, ob sie sich verschieben lässt und ich derweil etwas anderes tun kann. Wenn sich eine lange geplante Reise plötzlich falsch anfühlt, verändere ich so lange die Details, bis es sich wieder stimmig zeigt. Das heißt nicht, dass ich nicht auch Widerstände überwinde, aber eben dann, wenn es sich richtig anfühlt. Wenn ich fühle, dass es wichtig und mein Weg ist. Auf diese Weise durfte sich mein Vertrauen ins Leben enorm stärken, denn ich lernte: Meine Gefühle sind wichtig. Das Leben nimmt sie ernst, wenn ich sie ernst nehme. Immer lässt sich ein Weg finden, der für mich und alle Beteiligten passt. Und ein Großteil des nur erzwungenen Tuns ohne Herz (und oft auch ohne Verstand) fällt weg.

Eckhart Tolle spricht von erwachtem Handeln als der äußeren Seite des inneren Erwachens. Viele Menschen, die mit den tieferen Dimensionen des Seins noch nicht wirklich ins Gespräch gekommen sind, werfen spirituellen Menschen gern vor, sie würden Nabelschau betreiben. Doch das stimmt nicht – selbst wenn es bei einigen zeitweise so aussehen mag. Jede Bewusstseinsveränderung färbt ganz unwillkürlich auf das Äußere ab. Ein wacheres Bewusstsein führt dazu, auch wacher zu handeln. Tolle spricht von drei Modalitäten erwachten Handelns: Bereitwilligkeit, Freude und Enthusiasmus. Wenn sie vorhanden sind, fließt Bewusstsein in das, was wir tun. Und genau das wird das Ergebnis bestimmen. Ist keine der drei vorhanden, erschaffen wir mit unserem Tun uns oder anderen Leid.

Das lässt sich ziemlich leicht nachvollziehen. Spüre einmal in dich hinein, wenn du ohne eine der drei Modalitäten aktiv bist: Was für Gefühle und Gedanken sind da, wenn du dein Tun weder enthusiastisch noch freudvoll und nicht einmal bereitwillig tust? Es ist doch so: Du bist dann gegen die Kundschaft, mit der du gerade zu tun hast. Du bist gegen deinen Partner, für den du etwas kochst. Du bist gegen deine Kinder, während du ihnen etwas vorliest. Und du bist in all diesen Fällen gegen dich, weil du etwas tust, was du gar nicht willst. Wie fühlt sich das an? Nach außen hin merkt es vielleicht niemand. Doch »der Wurm« ist drin.

Ich empfinde es als enorm vertrauensbildend, mit dem Anspruch an mich heranzugehen, möglichst immer »erwacht«, also bereitwillig, freudig und/oder enthusiastisch zu handeln. Je öfter ich erfahre, dass es möglich ist und dass es Gutes hervorbringt, umso mehr kann ich darauf vertrauen, dass mein Inneres und das große »Äußere« die gleiche Sprache sprechen.

Zumindest Bereitwilligkeit dürfte sich in vielen Situationen herstellen lassen. Und sei es, dass du eine Arbeit bereitwillig tust, weil sie dann erledigt und vom Tisch ist. Du tauchst hinein, bist ganz dabei – und da liegt sie auch schon wieder hinter dir. Wenn es gar nicht möglich scheint, erwacht zu handeln, könnte es an der Zeit sein, dass du dich fragst, was du jetzt brauchst. Ganz für dich.

»Was könnte mir jetzt guttun?«

Menschen, die Bücher wie dieses lesen, haben meist schon eine ganze Sammlung an Übungen und Methoden, die helfen und heilen, die guttun und trösten, stärken und orientieren. Doch oft vergessen wir diese Dinge genau dann, wenn wir sie bräuchten, ob in einer Krise oder beim langsamen Hinabgleiten ins Nur-noch-Funktionieren. Wenn dir das bekannt vorkommt, könnte es dir helfen, in ein kleines Heft oder in die Notizfunktion deines Smartphones all deine kleinen und großen Helfer zu notieren. Schreib dir dort all die Dinge auf, die du probiert und für hilfreich befunden hast. Ob große Technik oder kleine Alltagsgeste: Nutze alles, was du kennst und womit du bereits gute Erfahrungen gemacht hast. Und vergiss nicht: Die beste Selbstfürsorge kann es auch zeitweise sein, sich an Experten zu wenden und um Unterstützung in schwierigen Phasen oder bei bestimmten Themen zu bitten.

Vergiss nie die vielen Möglichkeiten, in der Aufwärtsspirale zu bleiben oder wieder hineinzukommen. Hier meine derzeitige Auswahl. Vielleicht ist für dich etwas dabei. Erstell dir ansonsten deine eigene Liste.

- innehalten und spüren, was gerade mit mir los ist
- der Stille lauschen
- The Work
- Yoga oder einfach sanftes Bewegen und Dehnen
- am See sitzen und aufs Wasser schauen
- notieren, was heute gut war
- im Glückstagebuch lesen
- früh Feierabend machen und etwas Gutes kochen

- eine kleine Radtour, um den Körper und die frische Luft zu spüren
- noch eine Kleinigkeit arbeiten – für das Gefühl »es im Griff zu haben«
- Jin Shin Jyutsu, die asiatische Technik, bestimmte Körperpunkte zu Heilzwecken zu halten
- eine Mindmap erstellen, anhand derer ich begreife, was gerade los ist: alle Anforderungen, Empfindungen, Sorgen auf Papier bannen
- eine DVD oder ein Hörbuch von Eckhart Tolle
- tanzen, einfach so zu Hause
- mich umarmen und halten
- mir im Spiegel in die Augen schauen
- schlafen
- die Küche aufräumen – das schafft das Gefühl von gesunder Ordnung im Leben
- einer Freundin eine Nachricht schreiben, sie anrufen oder auf einen Spaziergang treffen
- einen guten Film schauen
- mich einfach mal zerstreuen, zum Beispiel mit etwas Lustigem – einem Comedian auf Youtube oder einer Folge »The Big Bang Theory«
- an Freunde und schöne Begegnungen denken
- mir überlegen, was ich an mir schätze und liebe
- Hunde oder Katzen beobachten
- einen Termin bei der Heilpraktikerin ausmachen oder eine Massage buchen

Sinnhaftigkeit

Umfragen und Studien zeigen: Einen Sinn im Leben zu sehen, ist für ein gutes Lebensgefühl und das Gelingen sehr viel bedeutsamer, als Glück zu erfahren. Sinn gibt uns die Stärke, auch Schwieriges zu meistern und unsere tiefsten Kraftquellen zu erschließen. Er offenbart sich vor allem dann, wenn wir lernen, unsere Pläne loszulassen, und beginnen, mehr auf das zu lauschen, was das Leben von uns will.

Wertvoller als Glück

Die Salutogenese als die Lehre von Gesundwerden und -bleiben weiß: Um mit Herausforderungen umgehen zu können, müssen die Dinge für uns verstehbar, gestaltbar und sinnhaft sein. Das ist in allen drei Fällen gut nachvollziehbar. Wenn wir nicht verstehen, was passiert, leiden wir. Ebenso wenn uns die Handlungsmöglichkeiten genommen werden. Und auch, wenn uns sinnlos erscheint, was geschieht. Menschen geraten beispielsweise deutlich schneller in ein Burn-out-Syndrom, wenn sie ihr Tun im Job als sinnlos empfinden. Es gehört nicht von ungefähr zu den Mobbingstrategien, jemanden völlig sinnentleerte Tätigkeiten machen zu lassen.

Nun scheint unsere Zeit nicht gerade meisterhaft darin, uns Verstehbarkeit, Gestaltbarkeit und Sinnhaftigkeit anzubieten. Vieles ist so undurchsichtig und komplex geworden, dass wir es weder verstehen noch wirklich mitgestalten können – zumindest scheint uns das so. Und sinnhaft ist es zunächst auch nicht. Oder doch?

Viktor Frankl, ein weltbekannter Psychologe, der im Zweiten Weltkrieg ins Konzentrationslager verschleppt wurde, hat sich dort intensiv mit der Frage nach dem Sinn auseinandergesetzt und gilt seither als führender Denker in Sachen Sinnhaftigkeit. Er bemerkte, dass die KZ-Häftlinge, die selbst dem Grauen dieser Inhaftierung noch einen gewissen Sinn abgewinnen konnten, deutlich größere Überlebenschancen hatten. Sie konnten von dem Sinn getragen sein, etwas zu erschaffen – beispielsweise der Menschheit in einem Buch davon zu erzählen, was im Konzentrationslager wirklich geschah. Sie konnten vom Sinn beflügelt werden, jemanden zu lieben und für ihn zu überleben. Und sogar vom Sinn im Leiden, wenn sie darin eine Leistung, eine persönliche Weiterentwicklung erkennen konnten.

Frankl war der Ansicht, dass Sinn einem Menschen weder gegeben werden noch dass man ihn erzeugen könne. Sinn muss gefunden werden, von jedem einzelnen Menschen selbst. Er sagt: »Es gibt keine Situation, in der das Leben aufhören würde, uns eine Sinnmöglichkeit anzubieten.«[27] »Wovon der Mensch zutiefst und zuletzt durchdrungen ist, ist weder der Wille zur Macht noch ein Wille zur Lust, sondern ein Wille zum Sinn.«[28] Lust ist demnach nur eine Nebenwirkung der Sinnerfüllung. Und der Wille zur Macht entsteht aus einer frustrierten Sinnsuche. Der

Sinn ist demnach das Zentrale, das uns hält und leitet. Frankl beschreibt folgerichtig das Leiden unserer Konsumgesellschaft an Sinnmangel. Scheinbar werden alle Bedürfnisse befriedigt – viele sogar erst geschaffen –, aber die Menschen sind tendenziell nicht glücklich. Denn das Bedürfnis nach einem Sinn wird in so einem Leben komplett ausgespart. Seit einigen Jahrzehnten haben wir in unseren Breiten genug, *wovon* wir leben können. Doch wir wissen kaum, *wofür* wir leben können – so Frankl. Und während nun die Ressourcen knapper werden, besinnen wir uns zumindest wieder zurück auf den Lebenszweck. »Und im Gegensatz zu den Energiequellen ist der Sinn ja unerschöpflich, allgegenwärtig.«[29]

Als »Sinnorgan« benennt Frankl das Gewissen – es zeigt uns unmissverständlich an, was für uns stimmig ist und wo wir eine Grenze überschreiten, hinter der uns weder Glück noch Sinn erwarten können. Frankl beschreibt es als »die Fähigkeit, den einmaligen und einzigartigen Sinn, der in jeder Situation verborgen ist, aufzuspüren«[30]. Wissen freilich können wir nie, ob wir den Sinn des Lebens gefunden und erfüllt haben. Aber der Wille zum Sinn und das Ringen damit sind lebenswichtig.

Was gibt dir Sinn?

Nur du selbst kannst entdecken, was deinem Leben, deinem Alltag, deinen Krisen, deinem ganzen Sein Sinn verleiht. Nimm dir bei Gelegenheit einmal etwas Zeit, um dich zu fragen:

- »Wofür lebe ich? Was ist mein tiefster Halt?«
- »Was hat mich durch schwere Zeiten getragen und neu aufgerichtet?«
- »Woran glaube ich in der Tiefe meines Herzens?«

Spüre die Kraft hinter deinen Antworten, das Fundament, auf dem sich bauen lässt.

Niemand kann einem anderen Menschen sagen, was Sinn ist. Wohl aber, dass es einen gibt. Denn es gibt ihn. Immer. Selbst in den größten Krisen und Katastrophen – genau dort trägt der Wille zum Sinn ganz offensichtlich zum Überleben bei. Zum Ausharren, zum Finden einer Überlebensweise oder Überlebensstrategie, zum Erkennen des Gestaltungsraums.

Yehuda Bacon war bereits als Kind nach Auschwitz gekommen und sagte später, dass es ihm Kraft und Sinn gegeben habe, der Welt später vom Lager erzählen zu wollen, damit sie eine bessere werde. Das sei sie aber nicht geworden. »Erst viel später habe ich wirklich verstanden, was der Sinn des Leidens ist. Das Leiden hat einen Sinn, wenn du selbst ein anderer wirst.«[31]

Vielleicht zielt auch unsere Zeit heute, in der es hierzulande einem Großteil von uns sehr gut geht und wir auf anderen Ebenen doch sehr leiden, darauf, diesen Sinn zu erfüllen und selbst andere zu werden: freiere, entspanntere, erfülltere, selbstfürsorgliche Menschen, die ihre wahren Potenziale leben – für sich selbst und für alle anderen mit.

Eine Frage des Blickwinkels

Wenn du mein Buch *21 Gründe, das Alleinsein zu lieben* kennst, weißt du, wie sehr ich damit gerungen habe, in meinem Leben viel allein zu sein. Immer wieder geriet ich in die Situation, ganz auf mich gestellt zu sein, den absoluten Großteil meiner Zeit und meiner Erfahrungen allein zu durchleben, Single zu sein, solitär. Zeitweise verstand ich so wenig, was das alles bedeuten, wo das hinführen und wofür das gut sein sollte, dass ich es mir zum Forschungsprojekt machte und das erwähnte Buch darüber schrieb – meine Art der Lösungsorientiertheit, aus der Vertrauen (Geheimnis Nummer fünf) erwachsen kann. Auf meinem Weg des Lesens, Nachdenkens, Mich-Austauschens, Meditierens, Nachspürens, Nach-innen-und-nach-außen-Lauschens entdeckte ich nach und nach, wie sinnvoll dieses Alleinsein in meinem Leben war: Es gibt mir nicht nur Ruhe und Kraft, Kreativität und Zeit zum Verarbeiten – es zeigt mir auch, dass ich Teil eines kollektiven Geschehens bin, das zu unserer Zeit ganz zwangsläufig gehört und passt. Viele der alten Beziehungsmodelle und Beziehungsweisen funktionieren nicht mehr und um neue zu entwickeln, ist es für viele Menschen nötig, das Alte erst einmal zu verlassen.

Heute zeigen mir die vielen dankbaren Rückmeldungen von Lesern – Männern wie Frauen –, dass mein Ringen mit dem Thema Alleinsein einen großen Sinn hatte. Was ich dabei erkannte, hilft anderen weiter, ebenfalls positiv, lösungsorientiert und kreativ damit umzugehen. Es traf einen Nerv in der Gesellschaft, regte viele andere Menschen zum Nachdenken und Nachspüren an und half ein wenig mit, unseren Blick auf das Phänomen Alleinsein zu erhellen.

Je klarer mir diese Sinnhaftigkeit wurde, umso leichter – und schöner, freier, genussvoller und kraftvoller – konnte ich das Alleinsein leben. Und interessanterweise konnte ich mit dieser Sinnhaftigkeit im Gepäck auch beginnen, deutlich erfüllter Begegnungen und Beziehungen der unterschiedlichsten Art zu leben. Das war für mich sehr viel wertvoller als das Glück, das ich mir vom »klassischen« Weg erhofft hatte, mit »dem Richtigen« für immer harmonisch vereint zu sein. Und es bettete mein Erleben in ein größeres Ganzes ein, zwang mich zur persönlichen Weiterentwicklung und zu einer ganz neuen Art, erfüllt zu sein.

Ich erzähle dieses Beispiel, um dich anzuregen, nach ähnlichen Erfahrungen in deinem eigenen Leben zu suchen. Ich bin mir sicher, dass du so etwas auch kennst: Eine Situation oder Lebensphase ist schwierig – doch dann zeigt sich der Sinn darin und sofort ist es möglich, auch das Schwierigste in Würde und sogar mit einer eigentümlichen inneren Freude zu tragen und zu gestalten.

Wofür könnte es sinnvoll sein?

Diese einfache Frage kann helfen, wenn du gerade mitten in einer schwierigen oder unangenehmen Situation steckst. Unser Verstand ist unermüdlich, wenn es darum geht, Antworten zu finden. Bei einer solch konstruktiven Frage macht er sich sofort auf den Weg, er weitet sich über das bislang

Übliche hinaus, verlässt die alten Gedankenschleifen und findet neue Ansätze. Das Gefühl folgt ihm unmittelbar nach: Du wirst weicher, offener, zuversichtlicher.

Lass dir für diese einfache Frage einen Moment Zeit, um innezuhalten, in die Stille zu lauschen und die Antworten aus deinem Inneren aufsteigen zu lassen. Mit ein wenig Übung kannst du vielleicht wahrnehmen, wie es sich in deinem Kopf und in deinem Herzen entspannt, während dein Verstand Grenzen sprengt, die deiner Wahrheit bislang im Weg standen.

Letztlich haben wir immer die Wahl: Wir können versuchen, die äußeren Umstände zu ändern, oder wir können unsere Wahrnehmung und Bewertung der Umstände wandeln. Beides kann gut funktionieren, je nach Situation ist mal das eine, mal das andere richtig. Auch wenn ich daraus keine allgemeingültige Regel machen möchte, hat sich für mich meist das Letztere bewährt: Wenn ich meinen Widerstand gegen das, was ist, aufgebe, ändert sich alles. Ich werde weicher, offener, sanfter, einsichtiger … und dann kommt mir das Leben plötzlich so freundlich entgegen, dass ich mich beschenkt und geliebt fühle. Und irgendwie zeigte sich mir auf diesem Weg auch eine Sinnhaftigkeit, die sich spüren, aber schwer beschreiben lässt: so ein großes vertrauensvolles Ja von mir zum Leben. Mit dieser Herangehensweise lässt sich lernen, nach und nach mit allem in Frieden zu kommen, so weit es uns irgend möglich ist. Das lässt Weisheit in uns reifen und gibt uns die Kraft für wahre Veränderungen.

Leben heißt Lernen

Dies ist sicher für viele Menschen ein Sinn, der sie durch schöne wie durch schwierige Zeiten trägt: Der Sinn des Lebens könnte sein, dass wir lernen und uns weiterentwickeln. Individuell, als Mensch, als Seele und als Kollektiv, als Menschheit, evolutionär. Mir hat das in den schwierigsten Momenten zuverlässig geholfen: zu wissen oder zumindest glauben zu können, dass es ein winzig kleiner Schritt der Evolution ist und zumindest einer in meiner seelischen Entwicklung, wenn ich dies jetzt meistere. Ich leide nicht, weil mich jemand ärgern will, sondern weil ich in diesem Bereich, der gerade zwickt und stresst, etwas zu lernen habe, wovon dann sogar auch andere profitieren könnten.

Warum aber sind wir überhaupt so anfällig für Stress aller Art? Warum können wir nicht wie ein Reh oder ein Spatz immer mit dem klarkommen, was da ist – bis wir einfach sterben, weil es nicht mehr geht oder die Zeit gekommen ist? Warum hadern, ringen und kämpfen wir? Gerald Hüther gibt hier eine faszinierende Antwort: Wir sind so anfällig, weil wir eben nicht mit einem fest verdrahteten Gehirn ausgestattet sind, das uns nur die immer gleiche Antwort auf bestimmte Reize erlaubt. Wir sind höchst flexibel, äußerst kreativ und vielschichtig in unseren Möglichkeiten. Unser Gehirn ist freudig bereit, sich ein Leben lang immer wieder umzubauen und neu zu gestalten, ganz so, wie wir es brauchen und abrufen.

Klingt das nicht auch danach, dass Weiterentwicklung der Sinn des Lebens sein könnte? Es gibt unzählige

Studien, die zeigen, dass wir kreativ mit Herausforderungen umgehen können – und dass es der Sinn einer Sache ist, der uns beflügeln kann, wirklich etwas zu verändern. Da gibt es zum Beispiel die sogenannte Zimmermädchen-Studie: Sie zeigt, dass unsere Vorstellungen von dem, was wir tun, unsere Gesundheit und unsere Lebensfreude stark beeinflussen. Man teilte hierbei Zimmermädchen in zwei Gruppen. Die eine erhielt eine kurze Intervention, in der ihnen erklärt wurde, dass ihre Arbeit ein hervorragendes sportliches Work-out sei. Die andere Gruppe erhielt diese Intervention nicht – und bei ihr veränderte sich im Laufe der nächsten vier Wochen auch nichts. Die erste Gruppe aber wies nach den vier Wochen deutlich bessere gesundheitliche Werte auf und war mit der Arbeit auch insgesamt zufriedener. Die Tätigkeit war bei beiden die gleiche geblieben – doch die erste Gruppe sah sie nunmehr mit anderen Augen. Sie sah einen zusätzlichen Sinn darin und schon veränderten sich Einstellung und offenbar auch Effekt.[32]

Für uns im Alltagsleben kann das nur heißen, immer wieder den Blickwinkel zu überprüfen, mit dem wir die Dinge betrachten. Ist er unterstützend, stärkend, sinngebend? Wenn nicht: Wie kann er es werden?

Die hohe Schule?

»Was ich hier mache, hat überhaupt keinen Sinn«, jammerte ich einem Freund vor. Ich hatte einen schlechten Tag. Einen wirklich schlechten Tag – und dieser Freund fing an zu lachen: »Besser kannst du die Realität nicht beschreiben. Es ist wahr: Es hat keinen Sinn.«

Sein Lachen war so liebevoll, so ehrlich, dass ich mich darauf einließ – und bald in sein Lachen einstimmen konnte. Ja, es stimmte. Was ich hier tat, war völlig sinnlos. Das zu akzeptieren, das war Freiheit. Es existieren keine Vorgaben für mein Leben, keine Autorität, die wirklich weiß, was richtig ist. Es gibt keinen Plan und auch keine wirklich sinnstiftenden Gedankengebäude, da ich die ja auch wieder bezweifeln und hinterfragen könnte. Es gibt keinen Sinn, wenn ich mir keinen ausdenke. Es ist sinnlos.

In diesem befreienden Lachen lag das Wissen, dass ich immer Gedanken brauchte, um einen Sinn zu kreieren. Ich brauchte eine Zukunft, in der sich der Sinn würde erfüllt haben. Ließ ich das alles weg, dann war da Lebendigkeit. Spüren. Atmen. Sein. Und eine große Freude – ich konnte tun, was sich stimmig anfühlte. Freiheit. Der Sinn war, diesen Moment zu erleben. Und dieser Moment … war Lachen.

»Es« sein lassen

Für immer mehr Menschen heute ist die Spiritualität abseits der etablierten Religionen die Quelle wahrer Sinnhaftigkeit geworden. Leonardo Boff, brasilianischer Professor für Theologie, Ethik und Spiritualität sowie Träger des Alternativen Nobelpreises, schreibt so treffend: »Wir sind verloren in der Welt und ohne Wurzeln und wissen nicht, zu wem wir gehören und wohin wir unterwegs sind. Aus dieser Einsamkeit holt uns die Spiritualität heraus. Die Spiritualität verbindet uns immer wieder von Neuem mit allen Dingen, sie erschließt uns die Erfahrung der Zugehörigkeit zum großen Ganzen, sie bestärkt uns in der Hoffnung, dass der Sinn stärker ist als das Absurde.«[33]

Momente in der Bewusstheit des Göttlichen, des reinen Seins, des Formlosen (wie es Eckhart Tolle nennt) können uns eine nicht benennbare, nicht erklärbare, aber sehr tiefe Sinnhaftigkeit vermitteln. Ein sinnhaftes Sein, das keine Worte kennt, sondern nur Erleben, Wahrnehmen und eben Sein. Frei von Konzepten, Gedanken und Ideen.

Während wir in diesem Erleben Sinnhaftigkeit ohne Worte erfahren, liegt dahinter wieder ein benennbarer Sinn – ein großer, geradezu kosmischer, wie es Eckhart Tolle beschreibt: Denn dieser Sprung ins reine Bewusstsein, diese Befreiung von Konzepten und quälenden Gedanken, die wiederum eine gequälte Welt hervorbringen, das ist es, was evolutionär ansteht. Es ist die Chance für das Weiterexistieren der Menschheit. Alte Muster lösen sich auf und eine höhere Intelligenz übernimmt das Ruder.

Alles, was dir heilig ist

Das Sein in der Stille, im gegenwärtigen Moment offenbart etwas Heiliges, etwas »Größeres als wir selbst«. Gibt es das noch für dich: das Heilige? Momente, Stimmungen, Zeiten, Orte, Tätigkeiten, Wesen, die dir heilig sind? Wenn ja, herzlichen Glückwunsch. Sicher hältst du es in Ehren. Du hältst das Heilige selbst heilig. Es ist rar geworden in unserer Welt – und es kann den Unterschied zwischen einem gelingenden Leben und einem, das eher ertragen wird, ausmachen. Je mehr Menschen wir auf der Erde sind, umso weniger scheint das Heilige geachtet und als solches empfunden zu werden. Dabei hat das Heilige die Menschheit jahrtausendelang getragen und genährt.

Was einem Menschen heilig ist, kann individuell sehr unterschiedlich sein. Für die einen ist es ganz traditionell ein Kirchenraum oder eine religiöse Feier, für die anderen ist es die Natur oder ein bestimmter Platz dort, ein Baum, ein See. Für wieder andere ist es die Liebe zu einem Menschen, die sie in allen Höhen und Tiefen ehren und pflegen. Manche empfinden die Abendstunden als heilig und nutzen diesen besonderen Zeitpunkt, um sich in einer Meditation der Stille hinzugeben. Es kann die Zwiesprache mit etwas Höherem sein und immer ist es letztlich das Eintauchen ins reine Bewusstsein. Es ist dieses Heilige, das dem Leben eine Kraft gibt, die es ohne diese Dimension nie haben könnte.

Es kann ein schönes Ritual sein, auf deine Weise das Heilige im eigenen Leben zu etablieren und zu pflegen. Es verleiht dir Kraft und bindet dich an etwas an, dem spürbar und unzweifelhaft Sinn innewohnt.

Ein Morgengebet

Dies ist ein Gebet, wie du es am Beginn jedes neuen Tages sprechen kannst, sehr langsam und die angesprochenen Kräfte wirklich spürend und wahrnehmend ... und die Stille dahinter.

»Ich grüße dich, Kraft des Ostens, Element Feuer.

Ich grüße dich, Kraft des Südens, Element Wasser.

Ich grüße dich, Kraft des Westens, Element Luft.

Ich grüße dich, Kraft des Nordens, Element Erde.

Ich grüße dich, Vater Himmel in deiner unendlichen Weite, Güte und Freiheit.

Ich grüße dich, Mutter Erde in deiner unendlichen Liebe, Wärme und Nährkraft.

Ich grüße Körper, Geist und Seele.

Ich grüße dich, mein Herz.

Ich grüße alle Wesen und Kräfte der Liebe.

Möge ich glücklich sein.

Mögest du, (ausgewählter Mensch), glücklich sein.

Mögen alle Wesen glücklich sein.

Möge ich im Geist der Liebe sein.

Danke.«

Stille.

In einem Seminar bei Ralf Heske zu The Work lernte ich eine Übung kennen, die »Begleiten mit dem Herzen« heißt. Nur kurz angedeutet geht sie so: Zwei Menschen sitzen sich gegenüber, einer hat ein Problem im Sinn, schließt die Augen, während der andere ihn einfach nur ruhig und liebevoll, in voller Präsenz anschaut. Nach einigen Minuten, die von starken inneren Erlebnissen des Begleiteten erfüllt sein können, ist die Schwere des Problems nicht mehr da. Es hat sich gewandelt.

Mir fiel auf, dass ich diese Übung einige Jahre zuvor in einer schweren Lebenskrise bereits instinktiv praktiziert hatte: mit mir allein vorm Spiegel. Dort saß ich manchmal eine halbe Stunde lang und schaute mir einfach in die Augen. Keine Gedanken, kein Wollen, kein Wissen – nur die voll präsente Aufmerksamkeit für mich selbst. Ich saß da, weil ich nichts anderes mehr wusste, was ich hätte für mich tun können. Ich wusste nicht, wohin ich meine Geschicke lenken sollte und ob es überhaupt die Kraft in mir dazu gab. So saß ich da – ohne Gedanken, staunend, dieses Wesen zu sehen, das da offensichtlich lebendig war. Getragen von dem zunehmenden Vertrauen, dass es weitergehen wird. Ich glaube heute, dass ich mit dieser Übung, die ich spontan sehr oft ausführte, Selbstliebe zu lernen begann. Es war eine Selbstfürsorge, die intuitiv aus der Tiefe meines Seins einfach da war.

Liebe

Liebe ist zutiefst nährend. Öffnend und verbindend. Sie bringt alles in einem großen weiten Raum zusammen, in dem es sein darf, so wie es ist. Wenn wir beginnen, dies selbst zu erfahren, verändert das unser ganzes In-der-Welt-Sein. Dann spüren wir sie: die alles verändernde liebevolle Resonanz mit dem, was uns im Leben begegnet. Und dann wird es zum Selbstverständnis, uns selbst als Teil des Ganzen zu empfinden und mit ihm zu schwingen. Denn was könnte uns mehr nähren und erfreuen?

Zu dir selbst

Liebe, das ist so viel mehr als eine romantische Beziehung. Es ist nicht einfach nur Umarmen und »Liebhaben«. Es ist auch mehr als Schätzen und Würdigen. Mehr als Wohlwollen. Auch wenn all das dazugehört. Es ist so viel mehr als das Mögen und Begehren, das schnell in Ablehnen oder gar Hassen umschlagen kann, sobald der oder die Geliebte nicht so ist, wie wir es uns vorgestellt haben. Liebe ist so viel mehr als alles andere, was wir empfinden können, und gerade deshalb kaum zu beschreiben. Dennoch können Worte in uns das zum Klingen bringen, was in uns die

Liebe kennt. Was in uns Liebe ist. Und was alles versöhnlich, nährend und »gut« werden lässt.

Wir leben in Zeiten, in denen die Liebe oft kritisch betrachtet wird. Und wir ordnen diesem Begriff tatsächlich allerlei Verklärtes oder Schräges zu. Wir verwechseln Lieben mit Brauchen und Habenwollen. Wir sagen Selbstliebe und leben sie doch nicht selten als Narzissmus. Doch ist es dann Liebe – oder nur ein Missverständnis? Die irrtümliche Benutzung eines Wortes, das etwas völlig anderes bedeutet?

Ich möchte bei diesem Wort bleiben – gerade im Hinblick auf ein gelingendes Leben. Denn wie sollte das ohne Liebe möglich sein? Es ist ein starkes Wort. Herzöffnend, direkt, tief. Ich kann verstehen, warum zum Beispiel der Philosoph Wilhelm Schmid lieber von Selbstfreundschaft als von Selbstliebe spricht und davor warnt, sich in Selbstgefälligkeit und Selbstüberschätzung hineinzubewegen, weil man sich selbst zu lieben meint.[34] Dennoch: Ich plädiere für Selbstliebe. Denn nur weil ein Begriff missbraucht wird, heißt das nicht, dass das, was er eigentlich bezeichnet, an Wert verliert.

Es ist die Selbstliebe, die den Anfang macht in aller Liebe. Ohne sie sind wir nicht in der Lage, einen anderen Menschen zu lieben oder das, was wir tun. Und wir können auch nicht selbstfürsorglich leben. Alle bisher beschriebenen Geheimnisse führen zu diesem. Die Liebe bildet den Höhepunkt, von dem aus es uns ein Bedürfnis und ein Leichtes ist, alles in unserer Macht Stehende zu tun, damit es uns gut geht. Das Wichtigste ist stets, sich selbst nicht zu verlassen, wenn Traurigkeit oder Angst da ist,

Schwere, Überforderung oder Einsamkeit. Sich selbst nicht zu belächeln, auch wenn die ganze Welt es tun mag. Lieben wir uns selbst, leben wir in der Liebe und finden immer unseren Weg.

Vorher und nachher

Wie ist deine Laune jetzt im Moment auf einer Skala von 1 (mies) bis 10 (supergut)? Hast du die Zahl? Dann schreib dir jetzt fünf Dinge auf, die du an dir und deinem Leben liebst. Spüre diese Dinge, lass sie in dir wirken – und schreib wirklich nur auf, wobei du Liebe fühlen kannst.

Prüfe dann erneut, wie deine Laune ist. Besser? Wenn ja, dann nutze diese kleine Übung immer dann, wenn deine Stimmung einen kleinen Aufschwung vertragen kann.

So wie ich es erlebe, geht es in der Liebe zu uns selbst gar nicht um die Ebenen, auf denen der Narzissmus blühen kann. Selbstliebe ist viel weniger »persönlich«, als wir meist glauben. Es ist vielmehr die unbedingte, freudige, erfüllte und erfüllende Zuneigung zu dem Wesen, als das wir uns wahrnehmen. Zu dem Wesen, das sich zu diesem Zeitpunkt in Form gebracht hat und ein Erdenleben führt. Zu diesem Beispiel für aktuelles Menschsein.

Liebe geht so viel weiter, als sich beschreiben lässt. Letztlich ist sie das, was übrig bleibt, wenn alle Worte, alle Etikettierungen, alle Gedanken verschwunden sind und nur das reine Bewusstsein bleibt. Die innere Stille ist

Liebe – und dann gibt es kein Subjekt und kein Objekt dieser Liebe mehr. Es ist einfach Liebe – und sie macht den Blick auf alles weich und freundlich, offen und fürsorglich.

Lebt diese Liebe allmählich in dir auf, kannst du keine Erleichterung mehr empfinden, wenn es dir nur deshalb gut geht, weil du jemand anderen abwertest. Den Lover, der dich nicht mehr wollte. (»Ist er nicht sowieso unzuverlässig?«) Die Bekannte, die dich heute etwas schnippisch zu behandeln schien. (»Ist sie etwa noch dicker geworden?«) Die Verkäuferin, die dich lange warten ließ. (»Der Laden läuft doch eh nicht mehr lange!«) Du wirst bei solchen Gedanken nicht mehr stehen bleiben können, sondern weitersuchen, bis du in Liebe mit den anderen bist – egal, was sie tun und wie sie dich behandeln, und egal, ob ihr zusammen seid oder nicht. Nichts anderes wird sich mehr gut genug anfühlen als ein liebevolles Empfinden. Denn dieses Empfinden ist in dir. Du bist es, die den Groll erlebt oder die Liebe. Und du kannst wählen.

Sanft und zärtlich

An einer Quelle in den Bergen spürte ich einmal eine unendlich sanfte, weibliche Energie. Es war das Sanfteste, was ich je wahrgenommen hatte, und ich konnte es auch nur bemerken, weil mich eine Frau, die hier lebte, darauf aufmerksam gemacht hatte: »Dort ist ein weiblicher Kraftort mit einer ganz besonderen Schwingung.«

Täglich ging ich nun zu diesem Platz, um diese Energie wahrzunehmen und regelrecht zu tanken. Es tat unendlich gut, diese Feinheit und Sanftheit zu spüren. Ich hatte den Eindruck, dass eine solche Energie dringend gebraucht wurde – in meinem Leben und überhaupt in der Welt, in der ich viel Grobheit wahrnahm. Dann war mein Urlaub zu Ende und ich fragte kurz vor meiner Abreise das Energiefeld oder die geistige Wesenheit der Quelle (wie auch immer man es nennen mag): »Was kann ich tun, um diese feine Schwingung auch im Alltag zu spüren?«

Ich erhielt den Impuls, die Handflächen gegenläufig übereinander zu streichen, so sanft und zart, wie es mir möglich war. Ich tat es gleich vor Ort ein paarmal, spürte das feine Kribbeln auf der Haut – und doch war es plump und grob im Vergleich zu dem, was ich hier an der Quelle an Schwingung spüren konnte. Ich versuchte, noch sanfter zu werden, aber das hatte seine Grenzen. Schließlich nahm ich den Gedanken in mir wahr: Ja, das sanfteste Streicheln, das mir mit den Händen möglich ist, ist grob im Vergleich zu der Schwingung hier. Doch im Alltag wird mir dieses Streicheln fein und zart vorkommen – und ich werde mich daran erinnern, dass es noch sehr viel feinere und zartere Energien gibt. Dass die Welt viel reicher an Sanftheit und an Liebe ist, als ich es mir im Alltag vorstellen kann. Und dass es grenzenlos ist, liebevoll und weich mit sich selbst, mit anderen und der Welt zu sein. Ein lebenslanger Weg des Übens und Erlebens.

Liebe ist tatsächlich – wenngleich unendlich kraftvoll – so doch unendlich fein. Die kleine Geste erinnert mich bis heute daran, diese Feinheit in mein Leben einzuladen und nach ihr zu streben, mich an ihr auszurichten. Sie erinnert mich daran, mit einer solchen Feinheit mit mir selbst umzugehen, mit all dem Sanften und Stillen in mir. Und nie zu vergessen, dass alles sofort leichter wird, dass sich die dicksten Türen öffnen und die schwersten Probleme lösen, wenn ich in der Liebe bin. Es ist, als wäre dann das gesamte Universum auf meiner Seite. Und tatsächlich spüre ich das Leben lächeln, wenn ich in dieser Schwingung bin.

Mit tief empfundener Liebe kommen wir auf eine Ebene, auf der so viel mehr möglich wird, als wir üblicherweise glauben. Wir belächeln heute in unserer stark rationalen und durchrationalisierten Welt so vieles, was uns eigentlich zutiefst guttun könnte und was zum Menschsein ganz natürlicherweise dazugehört. Häufig sind das auch unsere eigenen Träume und Visionen, wenn wir sie nicht sogar komplett vergessen oder verdrängt haben. Denn oft wurden sie schon früh verlacht oder schlechtgeredet. Und das tat weh. Doch wir können sie wiederaufleben und uns von ihnen neu beflügeln lassen. Sie leben noch immer in uns. Sie sind die Realität, die zu leben uns wahrhaft erfüllen kann. Sie zeugen von der Liebe, nach der wir uns zutiefst sehnen.

Dein Seelentag

Verabrede mit dir selbst ab und zu einen Tag, an dem du ausschließlich tust, was dir aus dem tiefsten Inneren entspricht, was dir guttut, wohin es dich zieht. Erspüre das vorher oder lass dich an diesem Tag einfach treiben und folge deiner Intuition – ob in die Natur, ins Café oder vielleicht auch in eine Ausstellung. Halte zwischendurch inne und lausche auf die Stimme in deinem Inneren, in deinem Herzen: Was flüstert sie dir zu? Was wünscht sie zu leben, zu erfahren, zu kreieren?

Liebe zur Welt um dich herum

Eines schönen Abends begriff ich, dass die Sonne nicht untergeht, sondern dass wir uns auf der Erde von ihr wegdrehen. Natürlich wusste ich auch zu diesem Zeitpunkt schon mit meiner Schulweisheit, dass sich die Sonne nicht um die Erde bewegt, sondern umgekehrt. An diesem Abend aber wurde es mir richtig klar. Ich blickte in das Feuerrot der Sonne knapp überm westlichen Horizont und wusste, dass sich die Erde mit mir »rückwärts« von der Sonne wegdreht und es deshalb so scheint, als würde sie untergehen.

Und ist es mit der Liebe nicht letztlich ganz genauso? Oft schien es mir so, als hätten sich andere von mir abgewandt, und dann fühlte ich mich ungeliebt. Bei genauerem Hinsehen aber hatte ich mich für sie verschlossen. Wenn ich mich wieder für sie öffnete und sie in meinem Herzen spürte, dann war es völlig egal, was sie über mich dachten und ob sie weiterhin mit mir zu tun haben wollten. Denn ich liebte sie, ich fühlte die Liebe in mir. Und damit war es gut. Ich hörte auf, sie zu beschuldigen, in meinem Leben »unterzugehen«, sondern erkannte, dass ich mich von ihnen abgewandt hatte.

Liebe ist Liebe

Ich durfte bislang zweimal intensiv erfahren, jemanden zu
lieben, der mich nicht wollte oder aus verwickelten Gründen
nicht länger mit mir zusammen sein konnte. Da meine Gefühle lange Zeit nicht schwächer wurden, gab mir das die
Gelegenheit, daran zu wachsen und etwas Wertvolles zu entdecken – was hätte ich auch sonst tun sollen, wenn meine
Gefühle einfach nicht weggingen? Die Anregungen einiger
Autoren und Lehrerinnen gaben mir irgendwann den Mut,
tief in meine Gefühle der Zuneigung und der Sehnsucht ein-
zutauchen, es wirklich zu spüren, statt es weghaben zu wollen. Und ich merkte nach und nach, dass ich es genießen
konnte. Es waren ja schöne Gefühle. Und es waren meine
Gefühle. Ein anderer mochte sie ausgelöst haben, aber es war
meine Liebe, die ich da spürte. Wenn ich die Geschichte loslassen konnte, dass es eine unglückliche, eine unerfüllte Liebe sei, dass ich den anderen haben musste, dann war da Erfüllung spürbar. Ich liebte. Und was wollte ich mehr?

Kaum etwas schenkte mir eine solche Unabhängigkeit
wie diese Erfahrung. Und seither kann ich sagen: Wenn du
Liebe spürst, dann lass sie dich nähren – ganz gleich, wie
die Geschichte drum herum ist. Wenn du jemanden wirklich liebst, dann kann er tun, was er will. Er kann dich lieben und es dir zeigen. Er kann sich von dir abwenden. Er
kann dich verlassen. Wenn du ihn liebst, spürst du Liebe.
Du bist offen und verständnisvoll. Du verlässt den anderen
innerlich nicht, auch wenn er sich abwendet. Deine Liebe
bleibt. Vor allem aber verlässt du dich selbst nicht, nur weil
er dich verlässt oder zu verlassen scheint.

Einfach offen bleiben

Denk einmal an jemanden, von dem du dich zurückgewiesen fühlst. Sieh diese Person vor dir. Wie fühlt es sich an, wenn du glaubst: »Er oder sie hat mich zurückgewiesen«? Spüre es.

Und jetzt lass den Gedanken los. Erlaube dir, ohne diesen Gedanken zu sein. Wie wäre es, wenn du nicht in der Lage wärst, zu denken, dass der oder die andere dich zurückgewiesen hat? Erlaube dir, ganz gegenwärtig zu sein, dich selbst zu spüren, diesen Moment zu spüren, dein Herz zu spüren und den anderen vor deinem inneren Auge anzuschauen. Wie fühlt sich das an? Bemerkst du den Unterschied?

Du verlässt dich auch selbst nicht, nur weil jemand anderes sich dir gegenüber kritisch zeigt. Du stimmst nicht ein in seine Kritik. Du bleibst dir treu und weißt, dass du dein Bestes tust. Und du weißt, dass das Urteil des anderen über dich seine Angelegenheit ist. Vielleicht hat er einen schlechten Tag. Und vielleicht findest du sogar eine Wahrheit in dem, was er an dir kritisiert. Dann nimmst du sie dankbar an – du hast etwas über dich gelernt. Auch dabei bleibst du dir treu – deiner Liebe zu dir und deiner Liebe zum anderen. Er kann nichts tun, um dich zu verletzen, wenn du es nicht zulässt. Byron Katie sagt: »No one can hurt me, that's my job.« Weh tut es nur, wenn du dich verlässt. Wenn du kritisierst – egal ob dich selbst oder den anderen. Weh tut es, wenn du dein Herz verschließt und Groll darin hegst. Wenn du die Liebe aus deinem Leben verbannst.

Minimomente der Liebe

Eckhart Tolle beschreibt Liebe als das Erkennen des anderen als sich selbst. Als das Erkennen der eigenen Essenz, die genauso auch im anderen lebt – unabhängig von all dem, was seine und meine Persönlichkeit und Konditionierung ausmacht. Es ist die Liebe, die aus der Gegenwärtigkeit, aus dem Ruhen im Jetzt erwächst – ganz von allein, wenn da keine Etikettierungen und Bewertungen sind. Bin ich ganz bei mir, ist da Liebe. Sie ist einfach da und will fließen.

Liebespausen

Halte möglichst oft am Tag inne und besinne dich auf Dinge, die dich freuen, auf Menschen, die du liebst, auf das Schöne in der Umgebung. Schau dich um und suche ganz bewusst Minimomente der Liebe.

Eine solche Liebe ist nicht an einen bestimmten Menschen oder exklusiven Partner gebunden. Sie kann zu jedem anderen Menschen und auch zu Tieren, Pflanzen, Bäumen, Landschaften empfunden werden. Zu allem Lebendigen, in dem die gleiche Essenz des Seins ist wie in dir. Du kannst es hundertmal am Tag spüren – immer wieder neu für einen kleinen Moment und immer nährend und belebend für dich selbst. Barbara Fredrickson, eine der führenden Vertreterinnen der Positiven Psychologie, spricht von

»micromoments of love«, von Minimomenten der Liebe, die unser Wohlbefinden und unser Gefühl der Verbundenheit enorm stärken. Sie sind immer verfügbar – live und sogar in unserer Erinnerung, wenn wir gerade allein sind. Sie sind es, die Liebe in unser Leben bringen, so viel, wie wir auszuhalten vermögen. Es ist unendlich viel davon verfügbar.

Aus Liebe zum Leben

Ich bin genervt! Das läuft gerade überhaupt nicht so, wie ich es mir vorgestellt habe. Und jetzt auch noch die Nachricht, dass sich alles Weitere verzögern wird und ich den Zeitplan dann aber bitte schön wieder aufholen soll! Ich gehe durch die Tür in den Nebenraum und sehe über mir einen Zettel flattern. Sofort muss ich lachen. Der Knoten beginnt sich zu lösen.

Dieser Zettel – er hängt da seit einigen Jahren, nachdem mir bei einem Seminar aus der geistigen Welt dieser Tipp gegeben wurde: »Häng einen kleinen Zettel an einem Faden in den Türrahmen. Da er flattert, wirst du seine Botschaft nicht so schnell vergessen und oftmals unerwartet daran erinnert werden.«

Wie die Botschaft auf dem Zettel lautet?

»Liebe es!«

Dieser Satz öffnet mich sofort dafür, das aktuelle Geschehen so anzunehmen, wie es ist. Mein Geist beginnt, nach Gründen zu suchen, warum es liebenswert sein könnte. Er fahndet nach Motiven des »freundlichen Universums«, mir diese Situation zu kreieren. Was könnte daran gut sein? Was sind die guten Seiten darin? Sofort beginnt der Weg heraus aus dem Ärger, aus dem Gefühl, dass hier etwas falsch läuft. Das Mitgefühl mit den anderen Beteiligten wächst und auch die Bereitschaft, mit dem zu sein, was da ist, und es auf meine beste Weise zu meistern. Ich spüre einen Hauch der Größe des Lebens, das schon weiß, was es tut, auch wenn ich es so oft nicht erkenne.

Immer öfter empfinde ich, auch wenn dieser Zettel flattert, die Liebe zum Leben. Zu allem Lebendigen um mich her. Ich spüre eine Liebe, die mich ganz erfüllt und die alles um mich her mit einschließt. Die Liebe zum Leben selbst, in welcher Form es auch erscheint. Eine Liebe, die nicht mehr zwischen Geben und Empfangen unterscheidet. Sie ist einfach. Und sie sorgt für alles Lebendige. Mit dieser Liebe hat sich die Selbstfürsorge erfüllt. Es ist für mich gesorgt, wie für alles andere auch.

Selbstfürsorge – Weltfürsorge

Die vielen Gedanken zur Selbstfürsorge mögen sich sehr persönlich und privat anhören. Sie mögen für jemanden, der sich bislang kaum damit befasst hat, selbstbezogen wirken. Weltvergessen. Aber lass uns mal all das Gesagte auf die Gesellschaft und auf die Menschheit übertragen. Wie sähe die Welt aus, wenn der Großteil der Menschen im beschriebenen Sinne selbstfürsorglich leben würde? Was für eine Gesellschaft würden Menschen gestalten, die mit sich selbst im Reinen sind, weil sie so liebevoll für sich sorgen, dass es ihnen gut geht und sie jeden Abend freudig, dankbar und sogar etwas stolz in den Spiegel schauen? Wie würden Menschen miteinander umgehen, die voller Liebe zum Leben sind, das sie in sich selbst finden? Wie wären sie zueinander, wenn sie aus tausendfacher Erfahrung wüssten, dass es eine riesengroße Freude ist, jemand anderem eine Freude zu machen? Was für eine Erde würden Menschen gestalten und pflegen, die sich auf allen Ebenen genährt und erfüllt fühlen, weil sie sich gut um all ihre Ebenen kümmern?

Selbstfürsorge kann so viel mehr bewirken, als dass es uns persönlich gut geht. Oder gar, dass wir weiter gut funktionieren können. Wenn sie nur dazu dienen würde, dass wir in unserem Hamsterrad besser vorankommen und uns vielleicht sogar ganz wohl dort fühlen, dann hätte sie ihren Zweck verfehlt. Das Glück, das wir mit ihr erreichen, ist immer auch etwas, was nach außen dringt – zu unseren Nächsten und darüber hinaus.

Der Dalai Lama sagt: »Glück ist Pflicht!«[35] Im Anklang an seine Worte hatte ich vor einigen Jahren in meinem Glücksbuch geschrieben: »Wer wirklich mithelfen möchte, dass die Welt eine bessere wird, der muss alles dafür tun, um glücklich zu sein. ... Was anders soll uns die Kraft geben, auch kollektive Krisen durchzustehen und sinnvolle Lösungen zu finden, wenn nicht Offenheit, Mitgefühl, Zuversicht, Lösungsorientiertheit, Kreativität – all die Qualitäten, die eine positive Lebenseinstellung und ein grundlegendes Glücksgefühl im Leben hervorbringen? All die Ressourcen, die das Glück in uns wachsen lässt, sind genau das, was wir auch als Menschheit brauchen.«[36]

Kollektiv und global liegt derzeit eine Menge im Argen. Jedes gesellschaftliche, soziale, politische oder ökologische Engagement, das Einzelne mit Herz und Hirn betreiben, ist daher wertvoll. Mindestens ebenso viel zählt aber eben das, was die Einzelnen für sich selbst tun. Wer mit Begeisterung, Freiraum und Stimmigkeit, in Verbundenheit und mit Sinnhaftigkeit, Vertrauen und Liebe für sich sorgt, sorgt ebenso für sein näheres Umfeld, und er verändert das Gesicht der Erde ganz automatisch mit. Es mag minimal scheinen, doch genau das ist wohl der Weg.

Selbst der Wandel sein, den du dir wünschst

»Sei du selbst die Veränderung, die du dir wünschst für diese Welt«, dieser Satz von Gandhi hängt ganz groß über meinem Schreibtisch. Und ich begreife ihn immer klarer, seit sich meine Welt, alles, was ich wahrnehme und wie ich darüber denke, so sehr verändert: durch meinen Weg der Selbstfürsorge. Es beginnt im eigenen Inneren. Wenn Krieg im Inneren eines Menschen tobt, weil er seine Bedürfnisse nicht achtet, seine inneren Konflikte nicht löst, vergangene Kränkungen nicht aufarbeitet – was will er dann für die Welt an Friedvollem bewirken?

Bei der letzten Friedensdemonstration, auf der ich war, stand in München auf dem Marienplatz ein junger Mann auf der Tribüne und heizte die Massen auf. Er brüllte, schrie und tobte dermaßen aggressiv »gegen den Krieg« und die gerade aktuellen Kriegstreiber, dass ich unwillkürlich darüber nachzudenken begann, für welche seiner inneren Konflikte er uns Demonstranten hier einzuspannen versuchte. War mit so einem Mann Frieden möglich? Konnte er ihn leben? Er selbst? Es schien mir nicht so an diesem Tag.

Es ist ja so: Von den meisten Kriegen und weltweiten Krisen sind wir gar nicht direkt betroffen. Wir erfahren davon in den Nachrichten und haben nur sehr eingeschränkt Informationen darüber. Wenn wir die Meldungen zum Anlass nehmen, uns um das zu kümmern, was dazu an Angst und Leid, an Aggression und Rechthaberei in uns selbst aufkommt, dann kümmern wir uns um die Schwierigkeiten, die wir real und tatsächlich gerade haben. Wir sorgen für Frieden in uns selbst. Wird das der Weg für immer mehr Menschen, dann lösen die Kriege in der Welt aus, dass sich mehr und mehr innerer Frieden in den Menschen der Erde einstellt und genau dadurch weniger äußere Kriege nötig und möglich werden.

Das heißt nicht, dass wir nicht politisch, ökologisch oder anderweitig in der Welt aktiv sein können. Natürlich. Nach Kräften, sobald wir es als stimmig empfinden. Doch wie viel mehr Power kann das haben, wenn wir es innerlich geklärt tun? Ohne Vorwurf und Besserwisserei, da wir erkannt haben, dass auch in uns selbst Kriege stattfinden und Kriegstreiber wüten. Und weil wir aus eigenem Erleben wissen, dass jeder das tut, was seinem momentanen Bewusstseinszustand entspricht. Mehr ist nicht möglich, weniger auch nicht.

In tiefer Verbindung zum Leben

Selbstfürsorge scheint stets in Spiritualität zu münden, wie auch immer diese gelebt wird. Sie entspringt einem tiefen Bedürfnis unseres Menschseins. Und Spiritualität ist per se keine persönliche Sache, da sie alles, das große Ganze, mit einschließt und jedes Persönliche darin aufgehoben weiß. So führt sie auch zur Sorge für das Ganze, in welcher Gestalt es uns auch jeweils begegnet. Wie es Leonardo Boff ausdrückt: »Spirituell leben heißt, die tiefste Dimension in uns freizulegen, die uns empfänglich macht für die Solidarität, die Kooperation, das Mitgefühl, die universale Geschwisterlichkeit, die Gerechtigkeit allen gegenüber, die Ehrfurcht und die bedingungslose Liebe.«[37]

Seit jeher praktizieren die Menschen ihre kleinen und großen Rituale, um diese tiefste Dimension in sich zu offenbaren und ihren Teil zum Ganzen dazuzutun. Auch heute haben wir die vielfältigsten Möglichkeiten, Lebensliebe zu praktizieren – und immer verbinden sich dabei Selbstfürsorge und Weltfürsorge: in bewussten und ökologisch sinnvollen Kaufentscheidungen, beim achtsamen Reisen auf diesem Planeten, in zugewandten, offenen Gesprächen mit anderen, im inneren Aufräumen, um der Welt endlich das wahre eigene Potenzial zu schenken, im Sich-bei-Laune-Halten und Lachen, das ansteckend wirkt …

Eine sehr schöne, kraftvolle Praxis habe ich auf der Sass da Grüm kennengelernt, einem uralten Kraftort im Tessin, der heute zu einem liebevoll geführten kleinen Hotel gehört und von dessen Betreibern achtsam gepflegt und geschützt wird. Diese Praxis kann in jedes Morgen- oder

Abendritual eingebaut werden, bei dem man auch körperlich aktiv ist. Es ist eine sehr schöne Praxis, dies täglich zu tun. So einfach diese Übung ist, so vielfältig können die Wirkungen sein.

Dein Herz für Mutter Erde

Nach ein paar Liegestützen, dem Yoga-Sonnengruß oder anderen Übungen, nach denen das Herz stärker pocht, legst du dich lang ausgestreckt auf den Bauch und schenkst diesen starken Herzschlag Mutter Erde. Du kannst dies wie eine buddhistische Niederwerfung praktizieren – dich ganz lang auf den Boden legen, die Arme nach vorn gestreckt, demütig und ergeben. Übergib Mutter Erde bewusst deinen wilden Herzschlag. Schenk ihr diese Lebendigkeit aus deinem Innersten. Gib dich ganz in die Geste des Schenkens hin. Wenn du möchtest, kannst du dies auch mit ein paar Worten an sie verbinden. Wenn sich dein Herz beruhigt hat, verabschiedest du dich mit einem Dank von Mutter Erde und erhebst dich wieder.

Durch die Hingabe in der Haltung entspannst du dich völlig. Du wirst ganz und gar gebend, zugleich aber auch empfangend, weil du möglicherweise spürst, dass die Erde in Dankbarkeit antwortet. Manche spüren bei dieser »Niederwerfung«, dass ihr Körper von Wärme durchflutet wird. Vor allem aber kann sich durch dieses kleine Ritual eine spürbare Verbindung zur Erde entwickeln.

Oft sprechen wir von dieser Verbindung – aber spüren wir sie auch? Wir sind an diese Fotos des blauen Planeten gewöhnt – aber das ist ein sehr abstraktes Bild. Natürlich kann es tiefe Berührtheit und Liebe auslösen. Doch mit dem, was wir Tag für Tag bei unserer Reise durchs Leben sehen, hat es nichts zu tun. Da ist »die Erde« der Boden unter uns und die Landschaft, in der wir stehen. Auf dem Bauch liegen und der Erde bewusst etwas vom eigenen Wesen schenken, das lässt uns unsere große Mutter intensiv erfahren. Und genau diese Erfahrung bringen wir dann in alles Weitere immer mehr ein.

Die Sorge für uns selbst nährt immer auch die Liebe zum Leben, zum Leben an sich in all seinen vielen Gestalten. Wenn du dich bewusst immer neu auf diese Liebe zum Leben ausrichtest und in ihrem Geist zu leben versuchst, dann verbindest du dich mit einem unaufhörlich größer werdenden Feld, das heute immer mehr Menschen weltweit nähren und stärken, während sie sich zugleich von ihm nähren und stärken lassen. Selbstfürsorge und Weltfürsorge aufs Schönste vereint.

Zum Abschluss:
Sanft und beharrlich

Wir sind am Ende unserer gemeinsamen Entdeckungsreise in die sieben Geheimnisse der Selbstfürsorge angekommen. Wie immer am Ende eines Buches: Es ist der Anfang deines Lebens mit all dem, was du von dieser Reise mitnimmst. Lass es hineintröpfeln in deinen Alltag – sanft und beharrlich. Wenn es mal nicht so gut klappt mit der Selbstfürsorge, sei freundlich mit dir und beginne neu. So ist das Leben. Eine Wanderung durch Täler und auf Hügel und gelegentlich auf hohe Gipfel, bevor es hinab ins nächste Tal geht. Jede der Landschaften, die wir durchstreifen, hat ihren eigenen Reiz und ihre eigenen Geheimnisse.

Manche Schritte fühlen sich beschwerlich an – doch wenn du sie in Selbstfürsorge setzt, tun sie gut. Denn vergiss nie: Mit jedem selbstfürsorglichen Gedanken, jeder selbstfürsorglichen Handlung bist du der Mensch, der Fürsorge gibt. Du bist aber zugleich auch der Mensch, der Fürsorge empfängt. Du bist der Mensch, um den sich jemand sorgt. Gebend und nehmend. Schenkend und beschenkt. Du bist der Mensch, der ein Leben lang mit dir ist – und mit ein wenig Selbstfürsorge ist er dein bester Freund und die Liebe deines Lebens.

Abend

Ich hab

eine Rose

an den Spiegel gehängt

für die,

die ich morgen

sein werde.

Empfehlungen zum
Weiterlesen und -hören

Ben-Shahar, Tal: *Glücklicher. Lebensfreude, Vergnügen und Sinn finden mit dem populärsten Dozenten der Harvard University*, Riemann 2007

Boff, Leonardo: *Achtsamkeit. Von der Notwendigkeit, unsere Haltung zu ändern*, Claudius 2013

Bordt, Michael: *Die Kunst, sich selbst auszuhalten. Ein Weg zu innerer Freiheit*, ZS Verlag 2015

Byron Katie: *Kehr es um. Wie The Work unser Leben verwandeln kann*, DVD, Tao Cinemathek 2011

Byron Katie: *Lieben was ist. Wie vier Fragen Ihr Leben verändern können*, Arkana 2002

Cain, Susan: *Still. Die Kraft der Introvertierten*, Goldmann 2013

Gamma, Anna: *Schön, wild und weise. Frauen auf dem Weg zu sich selbst und in die Welt*, Theseus 2015

Griebert-Schröder, Vera/Muri, Franziska: *Deine Liebe zum Leben. Segensreiche Impulse für die Entfaltung der neuen Erde*, BoD 2018

Grün, Anselm: *Lebensmitte als geistliche Aufgabe*, Vier-Türme-Verlag 2009

Joubert, Kosha Anja: *Die Kraft der kollektiven Weisheit. Wie wir gemeinsam schaffen, was einer allein nicht kann*, Kamphausen 2017

Kornfield, Jack: *Das innere Licht entdecken. Meditationen für schwierige Zeiten*, Arkana 2011, 3 CDs

Midal, Fabrice: *Die innere Ruhe kann mich mal. Meditation radikal anders*, dtv 2018

Müller, Wunibald: *Gönne dich dir selbst. Von der Kunst, sich gut zu sein*, Vier-Türme-Verlag 2001

Muri, Franziska: *21 Gründe, das Alleinsein zu lieben*, Integral 2017

Muri, Franziska: *Alles, was mich glücklich macht. Das ganz persönliche Buch der Lebensfreude*, Integral 2016

Rohr, Richard: *Reifes Leben*, Herder 2012

Schmidbauer, Wolfgang: *Raubbau an der Seele. Psychogramm einer überforderten Gesellschaft*, Oekom 2017

Scholz, Lucia: *Nutze die Kraft deiner Gefühle. Das einfache Ritual für mehr Gelassenheit, innere Freiheit und Lebensfreude*, Gräfe und Unzer 2014

Smart, Andrew: *Öfter mal auf Autopilot. Warum Nichtstun so wichtig ist*, Goldmann 2014

Tolle, Eckhart: *Eine neue Erde. Bewusstseinssprung statt Selbstzerstörung*, Arkana

Anmerkungen

1 Zum Beispiel gab es vor einigen Jahren den Kurs »Besser leben. Selbstfürsorge für psychosoziale Fachkräfte«. Hier lernte man die Selbstfürsorge in fünf Einheiten über sechs Wochen hinweg, und die Ergebnisse wurden in einer Studie genau untersucht. Letztlich kam heraus, was uns nicht wundern dürfte: Selbstfürsorge macht resilienter, stabiler und zufriedener.

2 Vergleiche zum Beispiel die Vorträge/Workshops »Wie man sein Gehirn richtig nutzt« und »Erfahrungslernen, Persönlichkeitsentwicklung und Angstbewältigung«, beide erhältlich bei Auditorium Netzwerk.

3 Vergleiche Martin Korte: *Wie unser Gehirn lernt.* Vortrag im Rahmen der 16. Wissenschaftlichen Jahrestagung der DGSF »Systemisch – Wirksam – Gut«, 2016 in Frankfurt/Main. Erhältlich auf DVD bei Auditorium Netzwerk.

4 Fabrice Midal: *Die innere Ruhe kann mich mal,* dtv 2018, Seite 143 f.

5 Spencer Johnson: *Eine Minute für mich,* Rowohlt 2002, Seite 54.

6 Dieses Vorgehen unterscheidet sich vom Positiven Denken insbesondere dadurch, dass nichts affirmiert oder vorgestellt wird, was nicht bereits da ist. Es geht um das bewusste Wahrnehmen des Angenehmen, das wir bereits erleben.

7 Vergleiche Peter Malinowski: *Flourishing. Welches Glück hätten Sie gern?* Irisiana 2010.

8 Franziska Muri: *Alles, was mich glücklich macht,* Seite 70.

9 Hartmut Rosa: *Beschleunigung,* Suhrkamp 2005.

10 Vergleiche Verena Steiner: *Energiekompetenz. Produktiver denken, wirkungsvoller arbeiten, entspannter leben,* Pendo 2005.

11 Georg Milzner: *Wir sind überall, nur nicht bei uns,* Beltz 2017, Seite 14.

12 Vergleiche Matthias zur Bonsen: *Wie kann es wirklich gehen?* Vortrag im Rahmen des Heiligenfelder Kongresses »Kairos. Den

Wandel gestalten«, 2018 in Bad Kissingen. Als DVD erhältlich bei Auditorium Netzwerk.

13 Franziska Muri: *21 Gründe, das Alleinsein zu lieben*, Seite 20.

14 Vergleiche David Schnarch: *Intimität und Verlangen*, Klett-Cotta 2016.

15 Mehr dazu im Buch: *Sonne, Mond und Stimme* von Romeo Alavi Kia und Renate Schulze-Schindler, Aurum 2002. Hier wird der Typ nach dem Geburtsdatum bestimmt. Mit etwas Feingefühl kannst du es aber auch erspüren: Was bringt dir mehr Ruhe und Kraft – intensives, langes Ausatmen oder langes, tiefes Einatmen (auch wenn selbstverständlich beides wichtig bleibt und erst ein Ganzes macht)?

16 Sehr interessante Ansätze dazu liefert der österreichische Chronobiologe Prof. Dr. Maximilian Moser in seinem Buch *Vom richtigen Umgang mit der Zeit*, Allegria 2018.

17 Gerhard Roth: *Warum es so schwer ist, sich und andere zu ändern.* Vortrag auf dem zweiten Kongress »Denk- und Handlungsräume der Psychologie« der Akademie für Kind, Jugend und Familie in Graz, Mai 2013. Erhältlich als DVD bei Auditorium Netzwerk.

18 Vergleiche zum Beispiel Gerald Hüther: »Erfahrungslernen, Persönlichkeitsentwicklung und Angstbewältigung«, Vortrag und Workshop, als DVD erhältlich bei Auditorium Netzwerk.

19 Zum Beispiel den Klassiker von Erika J. Chopich und Margaret Paul: *Aussöhnung mit dem inneren Kind*, Ullstein 1993. Oder auch Matthias Hammer: *Liebe das Kind in dir*, Gräfe und Unzer 2018.

20 Hartmut Rosa: *Resonanz*, Suhrkamp 2016, Seite 13.

21 Nach Lucia Scholz: *Nutze die Kraft deiner Gefühle. Das einfache Ritual für mehr Gelassenheit, innere Freiheit und Lebensfreude*, Gräfe und Unzer 2014.

22 Bernhard Pörksen: *Die große Gereiztheit. Wege aus der kollektiven Erregung*, Hanser 2018, Seite 9.

23 Franziska Muri: *21 Gründe, das Alleinsein zu lieben*, Integral 2017, Seite 170.

24 Zum Beispiel gibt es die umfangreiche therapeutische Arbeit zu Vergebung und Selbstvergebung von Colin C. Tipping. Sehr beliebt ist auch das Hoʻoponopono-Ritual, das aus dem hawaiianischen Kulturraum stammt.

25 Dies ist eine der vielen praktischen Anregungen aus dem Buch von Vera Griebert-Schröder und mir, *Deine Liebe zum Leben*, BoD 2018.

Hier geht es auch darum, sich einen Kraftplatz in der Natur, in der Stadt oder sogar zu Hause zu kreieren.

26 Es gibt eine Menge an Literatur, DVDs und Youtube-Videos zur Work, allen voran natürlich die Bücher und Videos von und mit Byron Katie selbst. Ausführlich beschrieben hat sie ihre Methode unter anderem in Lieben, was ist, Arkana 2002. Und in ihren zahlreichen Videos kannst du verfolgen, wie sie Menschen durch die vier Fragen und die Umkehrungen führt, und den Wandel, der dabei passiert, auch in dir selbst miterleben. Denn in unseren stressigen Gedanken ähneln wir uns mehr, als wir glauben. Ich habe schon oft andere Menschen durch diesen Prozess begleiten dürfen und dabei erlebt, dass deren Gedanken auch mir bekannt vorkamen. Oft sind es genau meine Themen, manchmal kenne ich sie zumindest ansatzweise, immer kann ich sie nachempfinden. Daher gibt es den schönen Spruch: »Deine Work ist meine Work.«

27 Viktor E. Frankl: *Der Mensch vor der Frage nach dem Sinn*, Piper 1985, Seite 157.

28 Ebenda, Seite 101.

29 Ebenda, Seite 160.

30 Ebenda, Seite 156.

31 Ebenda, Seite 161.

32 Crum, Alia J., und Ellen J. Langer: *Mind-set matters: Exercise and the placebo effect.* Psychological Science 18, 2007, No. 2: 165–171. Nach: Beata Korioth: *Goodbye Stress*, Arkana 2018.

33 Leonardo Boff: *Achtsamkeit. Von der Notwendigkeit, unsere Haltung zu ändern*, Claudius 2013, Seite 12.

34 Vergleiche Wilhelm Schmid: *Selbstfreundschaft*, Insel 2018.

35 Zum Beispiel im Buch *Die Regeln des Glücks*, das er gemeinsam mit Howard C. Cutler herausbrachte. Im Deutschen erschien es 2012 bei Herder.

36 Franziska Muri: *Alles, was mich glücklich macht*, Integral 2016, Seite 78.

37 Leonardo Boff: *Achtsamkeit. Von der Notwendigkeit, unsere Haltung zu ändern*, Claudius 2013, Seite 12.

Franziska Muri

Die Freude am Für-sich-Sein entdecken

Alleinsein kann eine echte Kraftquelle sein: Wer einmal gelernt hat, gut mit sich allein zu sein, der wird sich nicht mehr einsam fühlen. Er wird zu tieferen Formen der Verbundenheit finden.

Mit vielen praktischen Anregungen und wertvollen Impulsen teilt Franziska Muri 21 verborgene Schätze des Für-sich-Seins, um das Leben ganz neu zu entdecken und zu genießen.

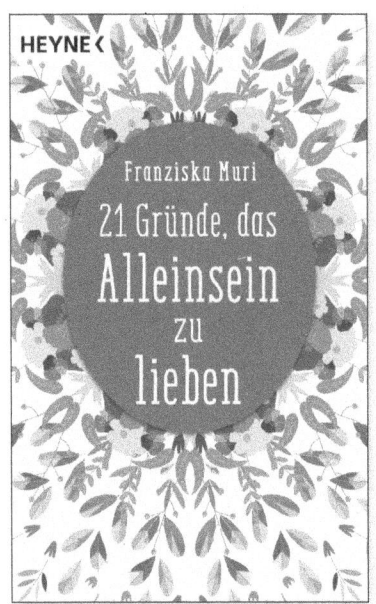

978-3-453-70369-8